L'ORPHELINE DE MONTARGIS

OU

VIE

DE

MARIE-ANNE ISQUIN
Veuve DAUTRY

ORLÉANS

Imprimerie Puget. Georges MICHAU et Cie, S^{rs}

9, rue de la Vieille-Poterie, 9

—

1884

VIE

DE

MARIE-ANNE ISQUIN
Veuve DAUTRY

VIE

DE

MARIE-ANNE ISQUIN
VEUVE DAUTRY

DE MONTARGIS

Institutrice à Ouzouer-des-Champs

PAR SON FILS

CURÉ DE VIMORY

ORLÉANS

IMPRIMERIE PUGET. GEORGES MICHAU ET Cie, S^{rs}

9, rue de la Vieille-Poterie, 9

—

1884

PRÉFACE

Avant de descendre dans la tombe, près de notre mère, il nous est venu à l'esprit de lui apporter notre témoignage filial; de raconter, avec une simplicité digne de cette âme si parfaitement simple, ce que nous avons vu, ce que nous savons, ce que nous pouvons affirmer de sa vie, de ses œuvres et de ses vertus.

Puis, notre cœur embrassant tous les membres de notre famille, nous avons cherché à fortifier chez eux les principes de morale et de religion, qui seuls peuvent les faire marcher dans le sentier du devoir et de la vertu, que leur vénérable aïeule a parcouru avec tant d'édification.

Notre petit travail sera une construction sans art, composée de blocs hétérogènes et de toutes sortes de choses ayant servi à autre chose. Un pauvre curé de campagne, depuis si longtemps brouillé avec la littérature, peut-il s'élever à un style sublime, à une œuvre profondément pensée ! Mais notre seule ambition est d'espérer que tous nos parents voudront bien l'accueillir comme la meilleure preuve de notre amitié et de notre dévouement, de même qu'il est, pour notre mère, le gage suprême de notre amour, de notre vénération et de nos regrets.

Augustin DAUTRY.

18 septembre 1884.

CHAPITRE PREMIER.

NAISSANCE DE MARIE-ANNE ISQUIN.

Elle devient orpheline.

Ceux qui entreprennent le récit des vertus et des bonnes œuvres d'une personne qu'ils aiment ou qu'ils admirent, ne manquent jamais, si elle appartient à une famille noble, de faire connaître sa brillante et glorieuse origine, et ils ont raison ; car, qui dit noblesse, fait supposer, de père en fils, l'assemblage des qualités les plus belles et les plus précieuses, telles que la constance, la magnanimité, la magnificence, la force d'âme, la prudence dans la conduite et les affaires. L'avantage le plus réel de la naissance est donc d'imposer plus absolument de grands devoirs, de faire retrouver sur les branches les fruits dont la sève vient des racines, et d'obliger les ruisseaux à être aussi purs et aussi limpides que la source dont ils s'échappent. Mais, lorsque la vertu est un fardeau trop pesant pour ceux qui n'ont ni le goût ni la force de vivre en gentilhomme, on peut et on doit leur appliquer ces deux vers de Mme Deshoulières :

> Ils font oublier leur naissance,
> Quand ils ne s'en souviennent pas.

Du reste, aux yeux de Dieu, le juste appréciateur des hommes et des choses, ce n'est pas la noblesse d'origine, mais la noblesse de l'âme, la noblesse de la vertu qui a du prix. C'est ce qui a fait dire à un auteur contemporain : « Se vanter d'avoir des ancêtres illustres, le prouver par des parchemins usés, est-ce là un mérite ? Celui qui ne me montre pas des vertus, ne peut surprendre mon estime. Soyez sage, soyez généreux, ami du bien, inviolable dans vos paroles, je ne regarderai point, pour vous la donner, si vous êtes noble. »

L'antiquité philosophique pensait de même, et ses écrivains judicieux disaient : « Nous ne devons guère regarder, comme étant à nous, notre race, nos ancêtres et ce que nous n'avons pas fait nous-mêmes. » Platon qui a réfléchi, comme un pur miroir, toutes les saines doctrines du monde païen, écrivait, plus de 430 ans avant notre ère, ces mémorables paroles : « Il n'est pas de roi qui ne descende d'un esclave, ni d'esclave qui ne descende d'un roi. De longues vicissitudes ont confondu les naissances, et la fortune a tout bouleversé. Quel est donc le vrai noble ? C'est celui que la nature a formé pour la vertu ; c'est à cela seul qu'il faut faire attention. Un vestibule rempli de portraits enfumés ne fait pas la noblesse. Personne n'a vécu pour notre gloire, et ce qui fut avant nous n'est pas à nous. L'âme seule ennoblit l'homme : elle seule peut, de tous les états, s'élever au-dessus de la fortune. »

Bornons ici des citations qui ne serviraient qu'à satisfaire la curiosité, puisque l'assertion que nous venons de faire est acquise à l'évidence. D'ailleurs, je n'ai pas à parler de ces titres de noblesse qui sont souvent plus enviés par ceux qui en sont exclus que profitables à ceux qui en sont honorés ; je n'ai pas à faire connaître l'histoire d'un grand et d'un roi, qui ne sert à personne ; comme l'a écrit Chateaubriand : mais je veux essayer de montrer, dans une modeste institutrice, cette aristocratie de l'intelligence et de la sagesse, qui est la seule aristocratie qui n'ait pas besoin d'aïeux, la seule devant laquelle on se courbe sans contestation.

Pendant sa longue carrière, cette humble fille et femme du peuple, cette infatigable ouvrière a donné l'exemple de toutes les vertus utiles ; elle a enseigné à ses enfants et à ses élèves la plus pure doctrine ; elle a défendu son petit troupeau contre tous les mauvais entraînements du monde ; elle n'a reculé devant aucun sacrifice pour faire le bien ; elle a rempli son devoir jusqu'au bout : la gloire n'est pas autre chose.

Ce fut le 16 août 1798, alors que les églises, depuis longtemps fermées par la grande Révolution, commençaient à se rouvrir, que naquit, à Montargis, Marie-Anne Isquin. Son père se nommait Etienne Isquin, et sa mère Marie-Anne Gilbert. Ils étaient jardiniers.

A la naissance de cette enfant, des parentes charitables s'empressèrent d'accourir dans l'humble demeure pour unir leur joie à la joie du petit ménage, et prêter leurs utiles services à la jeune accouchée et à l'enfant qui fut déposée, comme tous les enfants du peuple, dans un berceau composé de branches flexibles d'osier, après que ses petits membres eussent été entourés d'un lin grossier. Elles se disaient sans doute en songeant à l'avenir de la pauvre petite : « Chère enfant, tu seras comme nous l'esclave du travail ; mais, comme nous aussi, tu seras bonne, morale et vertueuse; tu tiendras de famille. »

Le lendemain, elle recevait le baptême, car, ses parents, profondément chrétiens, n'étaient pas sûrs encore de ne point revoir la persécution religieuse ; et, dans tous les cas, ils voulaient que leur petite Marie fût un ange, si Dieu, dans ses mystères impénétrables, venait à la leur enlever. Ce jour-là fut un jour de bonheur. Quand la petite fille fut ramenée du saint lieu et reparut dans la maison où l'attendait une famille pleine d'allégresse, le père s'empressa de la reprendre pour la donner à son épouse impatiente qui comptait, sous ses rideaux, tous les coups de la cloche baptismale. On entourait le lit maternel, et des larmes d'attendrissement et de religion coulaient de tous les yeux : les nouveaux noms de l'enfant, noms de la mère, étaient répétés de bouche en bouche, et chacun, mêlant ses observations flatteuses aux joies présentes, croyait, dans les traits de l'enfant, reconnaître le grand-père maternel de Marie-Anne, le bon grand-père Gilbert qui était là, pleurant de joie, et oubliant, un instant, les chagrins de ses vieilles années.

Le rétablissement de la jeune mère ne se fit pas trop attendre, et les courageux époux se remirent vaillamment au travail. C'était merveille de les voir nettoyer, fumer, défoncer le terrain, semer, planter, arroser, avec une activité fiévreuse, avec une persévérance que rien ne pouvait détourner ; car il faut vendre bien des légumes, bien des racines potagères, pour réaliser quelques pauvres francs de bénéfice et amener une honnête aisance au foyer domestique. Mais enfin, sans se bercer de vaines chimères, ils avaient l'espoir qu'un jour ou l'autre, par leur labeur assidu, par leur prudente économie, par leur sage conduite, par leurs efforts incessants, ils pourraient se procurer un petit bien-être matériel, et répandre ainsi sur leur bien-aimée un peu de joie et un peu de bonheur. Aussi, chaque soir, quand l'heure du repas était arrivée, ils paraissaient trouver bien allégées les fatigues de la dure journée, lorsqu'ils donnaient amoureusement les derniers soins à leur petite fille ; surtout, ils éprouvaient de bien douces émotions quand ils pouvaient surprendre ses premiers sourires. Oh ! alors, ils déposaient sur son front les plus tendres baisers, en se regardant affectueusement.

Hélas ! ces jouissances si intimes et si naturelles

devaient être trop éphémères. Un jour que Marie-Anne Gilbert revenait montée, selon son habitude, sur une charrette découverte, de vendre des légumes à Nogent-sur-Vernisson, elle fut surprise par un orage épouvantable, et, sans abri possible, loin de toute habitation, elle fut mise dans le plus pitoyable état par une pluie diluvienne mêlée de gros grêlons. En arrivant à son pauvre logis où l'attendait, dans une anxiété facile à comprendre, son mari désolé, la malheureuse jeune femme glacée, grelottante, prise d'un frisson convulsif qui précédait une fièvre ardente, entr'ouvrit d'une main presque inconsciente ses rideaux proprets et elle s'étendit dans son lit, pour ne plus en sortir. Trois jours après, elle rendait le dernier soupir, non sans avoir jeté uu long et bien douloureux regard sur le berceau de son enfant.

Etienne Isquin ne survécut pas longtemps à son irréparable malheur ; son cœur était blessé à mort, et le titre même de père, qui fait le bonheur de tous les hommes, était devenu pour lui un martyre, car tous ses rêves de prospérité pour son enfant s'étaient évanouis comme un fantôme : le chagrin le tua, et la petite Marie-Anne devint orpheline.

Ainsi s'étaient réalisés pour Etienne Isquin et

pour sa jeune épouse ces si tristes soupirs d'un de nos poètes mourant, lui aussi, à la fleur de l'âge :

> Au banquet de la vie infortuné convive,
>   J'apparus un jour, et je meurs...
> Salut, champs que j'aimais, et vous douce verdure,
>   Et vous riant exil des bois !
> Ciel, pavillon de l'homme, admirable nature,
>   Salut pour la dernière fois.

C'est bien là la brièveté de notre vie sur la terre. Un sage l'a fait, ce me semble, mieux comprendre encore que le poète. On lui demandait, un jour, ce que c'était que la vie : « Vous me voyez, répondit-il, vous ne me voyez plus. » En effet, comparée à celle qui doit suivre, il n'est que trop vrai que notre vie d'ici-bas n'est qu'un passage rapide dans le monde. On nous y voit, on ne nous y voit plus ; nous n'y paraissons pas, nous y avons paru ; car tout a fui, tout a disparu et le présent se dérobe à nous pour toujours.

« Nous mourons et nous changeons à toute heure, écrit saint Jérôme à un de ses amis, et cependant nous vivons comme si nous étions immortels. Le temps même que j'emploie ici à dicter, il le faut retrancher de mes jours. Nous nous écrivons souvent, mon cher Héliodore, nos lettres passent les mers, et, à mesure que le vaisseau fuit, notre vie s'écoule : chaque flot en emporte un moment. »

Prêtons donc toute notre attention à la sagesse des réflexions de Sénèque sur la vanité de nos jours, et sur la nécessité de faire un bon usage de ce peu de moments qui nous échappent si vite. « Nos corps sont emportés, dit-il, à la manière des fleuves : tout ce que nous voyons s'enfuit avec le temps, et rien de ce que nous voyons est stationnaire. Moi-même, tandis que je dis que tout change, je suis déjà changé. C'est en ce sens qu'Héraclite a dit : « On ne se baigne pas deux fois dans le » même fleuve. » Car le nom du fleuve lui reste, mais l'eau s'est écoulée. Ce changement est plus sensible dans une rivière que dans l'homme ; mais le courant qui nous entraîne n'est pas moins rapide ; et voilà pourquoi je m'étonne de notre folie, de tant aimer une chose aussi fugitive que notre corps et de craindre le moment du trépas, lorsque chaque instant est la mort de notre état précédent. Nous laissons la vie derrière nous, et de même que, sur la mer, les terres et les villes reculent ; ainsi, au milieu de cette fuite si rapide du temps, nous avons d'abord perdu de vue l'enfance, ensuite l'adolescence, puis cette époque intermédiaire où, vieux et jeunes à la fois, nous participons des deux âges, puis même les meilleures années de la vieillesse. Enfin, nous commençons à apercevoir le terme commun de l'existence humaine. Nous le regardons comme un écueil ; mais c'est un port des plus sûrs, un port souvent désirable. Si l'on y est transporté dès les premières années, il ne faut pas plus s'en plaindre que d'avoir terminé promptement une navigation. Vous le savez, il est des voyageurs qu'un vent mou contrarie, retient et fatigue de l'ennui d'un long calme ; tandis que d'autres sont promptement emportés par le souffle constant d'un bon vent. Ainsi de nous : la vie a conduit rapidement les uns au but où, si tard que ce fût, ils devaient toujours arriver, tandis qu'elle a miné et consumé lentement les autres. L'important n'est pas de vivre, mais de bien vivre. Aussi le sage vit-il ce qu'il doit et non ce qu'il peut vivre. Il examinera où, avec qui, comment et pourquoi il doit vivre. Toujours il pense à ce que sera sa vie, et non combien elle durera. »

Ailleurs, le même philosophe ajoute : « La vie est comme une pièce de théâtre : ce n'est pas sa durée qui importe, c'est la manière dont elle a été conduite. Il n'est pas question de savoir où vous finirez : finissez où vous voudrez, pourvu que le dénouement soit bon. »

Un poète a profité de ces justes considérations philosophiques pour nous donner des conseils bien sages et bien chrétiens :

> Usons mieux de l'heure présente
> En attendant toujours celle où l'on doit finir,
> Et toujours sur la foi d'une vie innocente,
> Espérons bien de l'avenir.

CHAPITRE II.

LE GRAND-PÈRE GILBERT ET LA PHILOSOPHIE ANCIENNE.

Il ne restait plus à Marie-Anne que son grand-père maternel Gilbert. L'âge et le travail avaient usé les forces de ce bon vieillard qui, ne pouvant plus cultiver les jardins de ses pères, si longtemps arrosés de ses sueurs, vivait en paix du produit de ses petites économies prudemment amassées. Tandis qu'un Harpagon est toujours pauvre au milieu de l'abondance, toujours agité, toujours alarmé, toujours consumé de frayeurs et de crainte, désirant toujours, ne jouissant jamais, se refusant l'aumône à lui-même, séduit enfin par un mauvais raisonnement dont un de nos poètes a dit :

> A l'avare, il peint l'opulence
> Comme le seul suprême bien ;
> Et dans le sein de l'abondance,
> Par la frayeur de l'indigence,
> Il le réduit à n'avoir rien.

Lui, avec peu, il était riche, toujours égal, toujours tranquille, toujours noble et libéral, et partant toujours heureux ; parce que c'est le jugement sain, le bon esprit, le bon cœur, en un mot la sagesse, et non le plus de bien, qui nous procure, par la tranquillité de l'âme, la véritable abondance, le vrai bonheur et les vrais plaisirs.

Gilbert n'était pas un de ces hommes qui ont la prétention de ne croire à rien et qu'on appelle, par ironie, des esprits forts. Non. Assez instruit et, surtout, doué d'un jugement droit qu'aucun désordre n'avait fait dévier, il savait quel était le principe de son être, de sa vie, de ses sens, de ses connaissances ; et quelle devait en être la fin. Il savait qu'il y a un être supérieur à tous les êtres, qui les a tous faits et à qui tous se doivent rapporter. En un mot, Gilbert était un homme qui n'allait pas contre le train commun et contre les grandes règles ; et, comme il comprenait bien que ces prétendus athées, qu'on rencontre trop souvent dans le monde, n'avaient pour soutenir leur bruyante incrédulité, ni aucune bonne raison ni aucun de ces arguments qui emportent la conviction, il leur disait, à l'occasion : « Nous autres, jardiniers, nous avons besoin pour nos légumes de la chaleur bienfaisante du soleil, d'un peu de pluie, de quelque chose de moins encore, d'un peu de rosée. Faites-nous donc connaître d'où viennent tous ces bienfaits? Dites-nous quelle est la majesté terrestre, le potentat incomparable qui puisse nous les envoyer en temps opportun, et, dès lors, nous pourrons penser comme vous. Mes amis, l'ordre, la décoration, les effets de la nature sont populaires; les causes, les principes ne le sont point. Voyez-vous, il faut toujours faire intervenir un être créateur de tout et grand organisateur de tout. »

Eh! pourquoi Gilbert n'aurait-il pas pensé et parlé ainsi, lui sage chrétien, puisque les sages païens eux-mêmes n'avaient point pensé, n'avaient point parlé autrement?

Citons, entre mille, un passage de Sénèque, le plus profond des philosophes latins : « Tu dis que tu ne crois pas en Dieu! D'où vient donc ce que tu possèdes, ce que tu donnes, ce que tu gardes, ce que tu saisis en ce monde? D'où viennent ces objets innombrables qui flattent tes yeux, tes oreilles, ton esprit? D'où vient cette abondance qui va jusqu'à la profusion? Car ce n'est pas seulement à nos besoins que Dieu a pourvu; son amour se révèle jusque dans nos délices. Vois tous ces arbres si variés dans leurs fruits, ces végétaux salutaires, cette répartition de tant d'aliments sur toutes les saisons de l'année, de manière à faire jaillir de la terre, même sans culture, une nourriture imprévue. Vois ces animaux de toute espèce, dont les uns naissent sur le sol sec et solide, les autres dans les gouffres humides, d'autres enfin dans les plaines de l'air, afin que chaque partie de la nature nous paye quelque tribut. Et ces fleuves qui enveloppent nos champs de leurs agréables contours, et ceux qui, promenant leur cours immense, ouvrent aux navires les routes du commerce; et ceux qui, comme le Nil, à des jours marqués, prennent un accroissement miraculeux pour apporter tout à coup à une terre aride et brûlée par les feux du ciel, la fraîcheur de leurs arrosements ? D'où te vient cet air que tu respires, cette lumière qui te sert à régler et à ordonner les actes de ta vie; ce sang dont le cours entretient la chaleur vitale ? D'où te viennent ces saveurs exquises qui provoquent ton palais? D'où ce repos, ce sommeil si doux qui te repose et te donne de nouvelles forces ? Si tu es juste et raisonnable, ne diras-tu pas : *C'est un Dieu qui nous a comblés de tous ces bienfaits.*

» Mais c'est la nature, diras-tu, qui nous a donné tout cela. Ne comprends-tu pas qu'en parlant ainsi, tu changes seulement le nom de Dieu ? Qu'est-ce, en effet, que la nature, sinon Dieu et sa providence répandue dans l'univers entier et dans toutes ses parties ? Toutes les fois que tu le veux, tu peux appeler différemment l'auteur de tous nos biens ; et tu le nommeras avec vérité Dieu, Très Bon et Très Grand, Tout-Puissant, Être suprême, parce que tout repose sur sa bienveillance, et qu'il est la force et la stabilité. Et si tu l'appelles encore Providence, tu ne seras pas trompé ; car la providence n'étant pas autre chose que l'enchaînement compliqué des causes, elle-même est la cause première de tout, et d'où les autres procèdent. Quel que soit donc le nom que tu voudras donner à Dieu, il s'adaptera parfaitement à lui, s'il caractérise quelque attribut, quelque effet divin. Ses noms peuvent être aussi nombreux que ses bienfaits. »

Signalons encore le judicieux raisonnement de Socrate, qui vivait cinq siècles avant Sénèque, de Socrate dont le profond savoir et l'austère sagesse ont toujours été en si grande vénération dans toute l'antiquité. Loin des erreurs populaires, et touché de l'aveuglement des incrédules, il voulut convaincre Aristodême, un de ses amis, de l'existence de Dieu. D'abord, il lui fit remarquer tous les caractères de dessein, d'ordre, d'art et de sagesse répandus dans l'univers, puis il lui tint cet admirable langage : « L'intelligence vous appartient-elle en propre, le hasard fait-il tout sans qu'il y ait aucune sagesse hors de vous? Vous ne voyez pas, dites-vous, ce sage architecte de l'univers. Mais vous ne voyez pas non plus l'âme qui gouverne votre corps et qui règle tous ses mouvements. Si l'esprit qui réside dans votre corps le meut et dispose sa volonté, pourquoi la sagesse souveraine, qui préside au monde entier, ne peut-elle pas aussi régler tout, comme il lui plaît? Si votre œil peut voir les objets à la distance de plusieurs stades, pourquoi l'œil de Dieu ne peut-il pas tout voir à la fois? Si votre âme peut penser en même temps à ce qui est à Athènes, en Egypte et en Sicile, pourquoi la sagesse divine ne peut-elle pas avoir soin de tout, étant présente partout à son ouvrage? O Aristodême, votre incrédulité vient plutôt de votre cœur que de votre esprit! Appliquez-vous sincèrement à adorer Dieu, il vous éclairera, et tous vos doutes se dissiperont. »

Terminons par cette sage observation de Platon : « Dans la nature, dit ce philosophe, il existe deux principes : la cause et la matière. La matière est inerte, elle se prête à tout, mais est incapable de rien, si personne ne lui donne le mouvement. La cause, au contraire, c'est-à-dire l'intelligence, forme la matière, la tourne partout où elle veut, et en tire une grande variété d'ouvrages... Il ne peut pas y avoir d'homme assez arriéré, assez terrestre, pour ne pas découvrir ces deux principes dans l'univers, surtout quand quelque phénomène nouveau brille au firmament, et, s'il élève un tant soit peu son âme, il verra dans le ciel et la terre l'ouvrier, la substance, la forme, le modèle et le but. L'ouvrier, c'est Dieu ; la substance, c'est la matière ; la forme est l'aspect et l'organisation du monde que nous avons sous les yeux ; le modèle est l'idéal d'après lequel Dieu a fait ce grand et magnifique ouvrage ; le but est le motif qui l'a guidé... Pour moi, je passe mon temps et je m'attache d'abord à ce qui donne la paix à l'âme. Je commence par m'interroger, puis j'interroge l'univers, et ce temps, je ne le perds pas comme vous vous l'imaginez. Je recherche sagement quelles furent les origines de tout ce qui existe, qui a créé toutes choses ; qui a séparé les éléments confondus et réunis en une masse inerte ; je cherche quel a été l'auteur de ce monde ; qui a rassemblé ce qui était dispersé, séparé ce qui était confus et donné une beauté à ce qui était enfoui dans une trop grande difformité. Je m'élève vers le créateur, et je ne veux point vivre la tête toujours courbée vers la terre. Non, car je suis trop grand, et je sens que je suis né pour une destinée trop grande, pour être esclave de mon corps. »

Mais passons à un autre ordre d'idées. « D'ordinaire, dit Sénèque, nous attachons une grande importance à l'opinion commune des hommes, et, pour nous, c'est une preuve de vérité qu'une chose soit reconnue par tout le monde. Nous devons donc déduire l'existence de Dieu, entre autres choses, de l'idée qu'ont tous les hommes de cette existence; car nulle part il n'y eut de nation assez arriérée dans ses lois et sa morale, pour ne pas croire qu'il y a un Dieu. » C'est que tout homme qui, dans une douce et paisible méditation, a jeté les yeux sur le spectacle admirable que lui présente cet univers, en a contemplé la splendeur et l'harmonie, a fait attention à la variété des biens dont il est enrichi, songe immédiatement, pour peu qu'il consulte sa raison, que cet ouvrage si magnifique ne peut être que l'œuvre d'un être tout-puissant.

Aussi, la vérité d'un Dieu est d'instinct et de pratique universels, et Cicéron en tire cette rigoureuse conséquence : « Tout jugement de la nature, quand il est universel, est nécessairement vrai. Il faut donc reconnaître qu'il y a un Dieu. »

Arrivons au fait. Au travers de toutes les altérations que l'égarement de l'esprit humain lui a fait subir, l'hommage rendu à la divinité a toujours et partout fait le fond de la nature humaine. La première pierre de toute société a été un autel, et, quand cette pierre a été renversée, toute société l'a été aussi. Il n'a jamais été donné à l'homme de pouvoir se conserver sans cet élément indélébile et primordial de son espèce. Ce n'est pas seulement l'homme civilisé, mais l'homme perdu aux derniers confins de la nature sociale, l'homme sauvage, l'homme enfin par cela seul qu'il est homme, qui a toujours porté dans son sein ce feu du ciel. Souvent il n'a eu rien que cela de l'être raisonnable, mais toujours il a eu cela. C'est l'instinct le plus profond, le plus radical, le plus universel qui soit en lui.

On demandait un jour à un pauvre Arabe du désert, ignorant comme le sont la plupart des Arabes, comment il s'était assuré qu'il y a un Dieu. « De la même façon, répondit-il, que je connais, par les traces marquées sur le sable, s'il y a passé un homme ou une bête. » — Et qui donc, en effet, laissé en présence de la nature, seul avec elle, avec la voûte du ciel et le roulement majestueux des mondes sur sa tête, ne surprendra pas, en quelque sorte, la trace de l'ouvrier sur son ouvrage? Aussi, remontons dans les âges les plus reculés, parcourons les peuples qui, dans les temps anciens, ont habité le globe, les plus policés comme les plus barbares, nous n'en trouverons pas un seul qui n'ait été imbu d'une connaissance plus ou moins développée de la divinité. Que signifient les autels, les temples, les sacrifices, les fêtes religieuses, les statues des dieux, les hymnes sacrées, les apothéoses, l'Élysée et le Ténare? Tout cela n'a-t-il pas une liaison manifeste avec le dogme de la divinité?

Ne nous étonnons donc plus de cette affirmation de Plutarque : « Jetez les yeux sur la face de la terre, vous pourrez y trouver des villes sans fortifications, sans lettres, sans magistrature régulière ; des peuples sans habitations distinctes, sans professions fixes, sans propriété de biens, sans l'usage des monnaies, et dans l'ignorance universelle des beaux-arts ; mais un peuple sans Dieu, sans prières, sans serments, sans rites religieux, sans sacrifices nul n'en vit jamais. »

Cicéron assure la même chose : « Il n'est aucun

animal, hormis l'homme, qui ait connaissance de Dieu ; mais, parmi les hommes, il n'est point de nation si féroce et si sauvage qui, si elle ignore quel Dieu il faut avoir, ne sache du moins qu'il en faut avoir un. »

De toutes ces citations, dont nous avons restreint infiniment le nombre, il résulte que la croyance en Dieu et qu'une religion pure, partant du fond du cœur et de l'esprit de l'homme, s'adressant à Dieu, l'honorant par un culte intérieur de vertu, et par des cérémonies publiques, se rencontrent sur la terre partout et toujours, s'appuyant sur la contemplation de l'univers, sur le sens intime et sur la croyance universelle des peuples.

Ne nous étonnons donc pas de cette sublime invocation que, dès son berceau, le genre humain prosterné adressait à son auteur; invocation que le stoïcien Cléanthe, disciple de Zénon, a consignée dans ses ouvrages, et que Stobée nous a conservée.

« Roi glorieux des immortels, adoré sous des noms divers, éternellement tout-puissant, auteur de la nature, qui gouvernes le monde par tes lois, je te salue ! Il est permis à tous les mortels de t'invoquer ; car nous sommes tes enfants, ton image et comme un faible écho de ta voix, nous qui vivons un moment et rampons sur la terre. Je te célébrerai toujours, toujours je chanterai ta puissance. L'univers entier t'obéit, comme un sujet docile. Tu diriges la raison commune, tu pénètres et fécondes tout ce qui est. Roi suprême, rien ne se fait sans toi, ni sur la terre, ni dans le ciel, ni dans la mer profonde, excepté le mal que commettent les mortels insensés. En accordant les principes contraires, en fixant à chacun ses bornes, en mélangeant les biens et les maux, tu maintiens l'harmonie de l'ensemble ; de tant de parties diverses tu formes un seul tout, soumis à un ordre constant, que les infortunés et coupables humains troublent par leurs désirs aveugles. Ils détournent leurs regards et leurs pensées de la loi de Dieu, loi universelle qui rend heureuse et conforme à la raison la vie de ceux qui lui obéissent. Mais, se précipitant au gré de leurs passions dans des routes opposées ; les uns cherchent la gloire, les autres les richesses ou les plaisirs. Auteur de tous les biens, père des hommes, délivre-les de cette triste ignorance ; dissipe les ténèbres de leur âme, fais-leur connaître la sagesse par laquelle tu gouvernes le monde, afin que nous t'honorions et que sans cesse nous chantions tes œuvres, comme il convient aux mortels. »

Le bon sens de la raison humaine et la grande voix de toute l'antiquité ont dit : il n'y a pas d'effet sans cause, l'univers existe : donc il y a une cause première et créatrice qui est Dieu. Oh ! que le sentiment de cette vérité incontestable fasse aussi s'élever de nos âmes et de nos lèvres, vers le Tout-Puissant, ces premiers et admirables soupirs de la religion naturelle transmis par Cléanthe.

CHAPITRE III.

LE GRAND-PÈRE GILBERT ET LA PHILOSOPHIE MODERNE.

Voulant donner la preuve d'une vérité, Malebranche disait un jour : « Une démonstration exacte! c'est un peu trop, Ariste. Je vous avoue que je n'en ai point. Il me semble, au contraire, que j'ai une démonstration exacte de l'impossibilité d'une telle démonstration. Mais rassurez-vous ; je ne manque pas de preuves certaines et capables de dissiper votre doute. »

Nous allons encore écarter des preuves de l'existence de Dieu les idées abstraites et les raisonnements métaphysiques de la science. Mais, suivant toujours la simple logique de notre aïeul maternel, nous pourrons dire avec Malebranche : « Rassurez-vous, nous ne manquerons pas pour cela de preuves certaines et capables de dissiper vos doutes, si vous en aviez ; » car il est facile de montrer qu'il suffit d'être capable d'un peu de réflexion et d'être raisonnable au plus simple degré pour admettre que l'idée de Dieu se présente à nous d'elle-même, et que nous la saisissons par simple vue.

En effet, toutes les choses que nous voyons sont tellement le reflet et l'expression de l'intelligence, de l'ordre, de la puissance, de la sagesse, de la beauté, de la bonté la plus infinie de Dieu, qu'on dirait que leur unique objet est de nous le raconter. C'est ce qui a fait dire à La Bruyère : « Je sens qu'il y a un Dieu ; cela me suffit, tout le raisonnement du monde m'est inutile ; je conclus que Dieu existe. Cette conclusion est dans ma nature ; j'en ai reçu les principes trop aisément dans mon enfance, et je les ai conservés depuis trop naturellement, dans un âge plus avancé, pour les soupçonner de fausseté. Mais il y a des esprits qui se défont de ces principes ; c'est une grande question s'il s'en trouve de tels, et, quand il en serait ainsi, cela prouverait seulement qu'il y a des monstres. »

Dans ces deux vers :

> L'univers m'embarrasse, et je ne puis songer
> Que cette horloge existe et n'ait point d'horloger.

Voltaire, dont on ne récusera certes pas le raisonnement, fait ressortir cette vérité de bon sens : l'univers existe, donc il existe un auteur de l'univers. Voici son logique argument : « Si une horloge prouve un horloger, si un palais annonce un architecte, comment l'univers ne démontre-t-il pas une intelligence suprême ? Quelle plante, quel animal, quel élément, quel astre ne porte pas l'empreinte de celui que Platon appelait l'*éternel géomètre ?* Il me semble que le moindre animal démontre une profondeur et une unité de dessein qui doivent à la fois nous ravir en admiration et atterrer notre esprit. Non seulement ce chétif insecte est une machine dont tous les ressorts sont faits exactement l'un pour l'autre ; non seulement il est né, mais il vit par un art que nous ne pouvons ni imiter ni comprendre ; mais sa vie a un rapport immédiat avec la nature entière, avec tous les éléments, avec tous les astres dont la lumière se fait sentir à lui. S'il n'y a pas là immensité, unité de dessein qui démontrent un fabricateur intelligent, immense, unique, qu'on nous démontre donc le contraire ; mais c'est ce qu'on n'a jamais fait. *Des preuves contre l'existence d'une intelligence suprême, on n'en a jamais apporté aucune.* »

« Organiser dans une matière informe toutes les merveilles d'un corps vivant, dit, avec la même solidité de raison, le savant naturaliste Virey, disposer les nerfs, les viscères, les organes des sens, avec une sagesse profonde, une prévoyance admirable ; donner la vie, le mouvement, l'instinct, à cette chair inanimée, voilà le témoignage irrécusable d'un Dieu : il faut que le dessein précède l'ouvrage, il faut de l'intelligence pour créer l'instinct. »

Considérant l'ordre toujours renaissant de la nature, ses lois immuables, ses révolutions toujours constantes dans une infinie variété, cette chance unique et conservatrice d'un monde tel que nous le voyons, qui revient sans cesse, malgré cent autres millions de chances de perturbation et de destruction possibles, Voltaire dit encore avec beaucoup d'éclat, dans ses *Leçons de philosophie :* « Les chaînes de montagne qui couvrent les deux hémisphères, et plus de six cents fleuves qui coulent jusqu'aux mers du pied de ces rochers ; toutes les rivières qui descendent de ces mêmes réservoirs, et qui grossissent les fleuves après avoir fertilisé les campagnes ; des milliers de fontaines qui partent de la même source et qui abreuvent le genre animal et végétal : tout cela ne paraît pas plus l'effet d'un cas fortuit que la rétine qui reçoit les rayons de la lumière, le cristallin qui les réfracte, l'enclume, le marteau, l'étrier, le tambour de l'oreille qui reçoit les sons, les routes du sang dans nos veines, la systole et la diastole du cœur, ce balancier de la machine qui fait la vie. Jugez donc, en voyant l'ordre de ce monde, qu'il y a un être souverainement intelligent qui y préside. »

Si les esprits les plus ordinaires peuvent facilement découvrir les traces de Dieu dans les beautés de la création, les esprits supérieurs seront plus capables encore que les petits de voir Dieu à travers ses œuvres : ce sera l'intelligence qui découvrira l'intelligence dans l'univers. C'est ainsi que raisonne Thiers, le célèbre historien du Consulat et de l'Empire ; et il le prouve. « Le général Bonaparte, raconte-t-il, controversait volontiers sur les questions philosophiques et religieuses, avec Monge, Lagrange, Laplace, savants qu'il honorait et qu'il aimait. « Tenez, » disait-il un jour à Monge, celui des savants de cette époque qu'il aimait le plus et qu'il avait sans cesse auprès de lui, à Monge ce célèbre mathématicien qui fut le créateur de la géométrie descriptive et le principal fondateur de l'École polytechnique : « Tenez, ma
» religion à moi est bien simple. Je regarde cet
» univers si vaste, si compliqué, si magnifique,

» et je me dis qu'il ne peut être le produit du
» hasard, mais l'œuvre quelconque d'un être tout-
» puissant, supérieur à l'homme autant que l'uni-
» vers est supérieur à nos plus belles machines.
» Cherchez, Monge, aidez-vous de vos amis les
» mathématiciens et les philosophes, vous ne
» trouverez pas une raison plus forte, plus déci-
» sive, et, quoi que vous fassiez pour la combattre,
» vous ne l'infirmerez jamais. »

Il suffit donc, pour établir la vérité de l'existence de Dieu, de l'énoncer ou même simplement de la reconnaître admise comme la lumière du jour.

« Il est un Dieu, dit Chateaubriand ; les herbes de la vallée et les cèdres de la montagne le bénissent, l'insecte bourdonne ses louanges, l'éléphant le salue au lever du jour, l'oiseau le chante dans le feuillage, la foudre fait éclater sa puissance et l'océan son immensité. L'insensé seul a dit : « Il n'y a point de Dieu. »

» Il n'a donc jamais, celui-là, dans ses infortunes, levé les yeux vers le ciel, ou, dans son bonheur, abaissé ses regards vers la terre ? La nature est-elle si loin de lui qu'il ne l'ait dû contempler, ou la croit-il le simple résultat du hasard ? Mais quel hasard a pu contraindre une matière désordonnée et rebelle à s'arranger dans un ordre si parfait ! »

Les poètes, eux aussi, ont mêlé leur voix à la puissante voix des sages, dans la cause sacrée que nous traitons, et ils ont rendu leur argumentation douce et touchante pour l'âme, en la parant des charmes de la poésie. C'est qu'ils savaient que la plaie de la plupart de ceux qui doutent vient, non de leur esprit, mais de leur cœur, et qu'il faut répandre partout des sentiments pour toucher, pour intéresser, pour saisir le cœur qui « a ses raisons que la raison ne connaît point, » a dit Pascal. Du reste, Chateaubriand n'a-t-il pas écrit ces belles paroles : « Pourquoi ne pas unir la poésie à la philosophie ? Dieu ne défend pas les routes fleuries quand elles servent à revenir à lui. Et ce n'est pas toujours par les sentiers rudes et sublimes de la montagne que la brebis égarée retourne au bercail. »

Citons donc ces beaux vers qui vont si bien à notre sujet :

> Dieu donne aux fleurs leur aimable peinture :
>   Il fait naître et mûrir les fruits,
>   Et leur dispense avec mesure
> Et la chaleur des jours et la fraîcheur des nuits.

Et ces autres plus beaux encore du plus grand des poètes de notre époque :

> J'ai cherché vainement le mot de l'univers,
> J'ai demandé sa cause à toute la nature,
> J'ai demandé sa fin à toute créature ;
> Dans l'abîme sans fond mon regard a plongé ;
> De l'atome au soleil j'ai tout interrogé,
> J'ai devancé les temps, j'ai remonté les âges :
> Tantôt, passant les mers pour écouter les sages...
> J'ai vu partout un Dieu sans jamais le comprendre.

O homme, ajoute-t-il, dans son style si élevé :

> Ne porte pas plus loin tes yeux ni ta raison...
> Comment ? pourquoi ? qui sait ? de ses puissantes mains
> Il a laissé tomber le monde et les humains,
> Comme il a dans nos champs répandu la poussière ;
> Il le sait, il suffit : l'univers est à lui...
> Laisse aux fils de la nuit le doute et le blasphême.

Terminons. Dans la grande révolution de 1793, un membre de la Convention, farouche et fougueux girondin qui dépassa tous les partis par sa fureur contre Dieu, la religion et ses ministres, Isnard, tombé à son tour de la fatale tribune et poursuivi par la proscription, habitant les cavités de la terre, manquant de tout, pouvant être égorgé sans risque pour le meurtrier, craignant d'être conduit, d'un jour à l'autre, au supplice, sans être jugé ni entendu, comme l'animal qu'on traîne à la boucherie, Isnard, remuant enfin au fond de son cœur la cendre de son passé, sentit jaillir de son âme quelques étincelles de foi, restes précieux d'une éducation maternelle. Se repliant alors sur lui-même, il signala aux âmes flottant loin du port ces passes de la vérité. « Je m'aperçus qu'en matière religieuse la solution de la vérité dépend moins de l'effort de notre esprit que de la disposition de notre cœur; que, sur cette question, l'aveugle raison s'égare et tombe, si elle veut marcher seule d'un pas présomptueux; qu'il faut que la vertu lui prête le ferme appui de son bras, et qu'elle seule peut délier le bandeau que le vice et l'erreur retiennent sur nos yeux. Je reconnus que la vérité ne se montre que comme une flamme que l'humble prière allume et que l'orgueil éteint. C'est pourquoi tant de personnes sont si peu propres à cultiver cette science, tandis qu'elles sont si habiles dans toutes les autres. »

Isnard avait raison. Oui, assurément, dans l'état naturel des choses, Dieu se révèle à l'homme par le spectacle de la création; lorsque le cœur est dans un calme absolu, un esprit judicieux pourra se livrer à la contemplation de l'univers, et, à cette impression d'ordre et d'harmonie qui en résulte, abstraire l'idée d'un être souverain qui l'a formé, d'une puissance, d'une sagesse, d'une bonté qui y président, et puiser, dans ces idées, des sentiments de reconnaissance, d'adoration et d'amour. Cela est si vrai que saint Paul avait raison de dire que les incrédules étaient *inexcusables* de ne pas entendre la voix de la création.

Cependant, de même que les hommes habitués, dès leur enfance, à voir se lever et se coucher sur leur tête l'astre du jour, passent souvent une longue vie et meurent sans avoir admiré une seule fois bien sérieusement le spectacle de la lumière même qui les éclaire, et traversent ainsi un monde de prodiges sans l'apprécier ; ainsi, si nous consultons l'expérience, nous constatons bien que tous les hommes, à l'aspect de ce bel univers, éprouvent un sentiment intime et irrésistible de l'existence d'un être créateur ; mais bientôt l'habitude l'émousse, et la grande tempête des passions s'élevant, le couvre, l'étouffe et le disperse. Alors, semblables au navigateur qui ne peut plus lire sa marche dans les cieux voilés par des nuages épais et orageux, ils flottent au hasard, enveloppés de toutes parts des ténèbres de l'ignorance et de la corruption ; car l'oubli de Dieu finit toujours par être pour l'homme la source de toutes les fautes et de tous les maux, comme l'a si bien dit un poète païen :

*Heu ! primæ scelerum causæ mortalibus ægris
Naturam nescire Deum...*

CHAPITRE IV.

ENTRÉE DE MARIE-ANNE ISQUIN AUX ORPHELINES DE MONTARGIS.

La vie du grand-père Gilbert fut semée de bien des épreuves. Le monde n'a-t-il pas des liens pleins d'une véritable âpreté et d'une fausse douceur, des douleurs certaines, des plaisirs incertains, un travail dur, un repos inquiet, des choses pleines de misère et une espérance vide de bonheur? Mais rien ne put ébranler ni sa foi chrétienne ni le sentiment de ses devoirs.

Il n'avait qu'une quarantaine d'années quand il perdit la digne compagne de sa vie. Une fille lui restait, société douce et aimable qui, par le son caressant et sympathique de ses paroles, par le dévouement incessant de sa piété filiale, avait, avec le temps, calmé sa douleur, et lui avait fait retrouver le courage de supporter la vie avec résignation.

Lorsque cette fille adorée eut atteint sa vingtième année, le bon père prudent et sage songea à lui donner un mari digne d'elle. Il ne lui chercha pas un homme dont le seul mérite consiste dans ses champs, dans ses jardins, dans ses vignes, dans son argent placé, choses qui changent souvent de maîtres, qui ne sont pas plus inhérentes à celui qui les possède que les vêtements dont il se dépouille le soir, et qui ne suffisent pas pour faire le bonheur d'ici-bas.

« Les richesses aveuglent le peuple et attirent vers elle tous les yeux, a dit un sage. Quand de grosses sommes sortent d'une maison et qu'on y voit tout couvert de dorures jusqu'au toit ; quand de nombreux domestiques s'y distinguent par leur bonne mine et leur riche tenue, on croit que le bonheur est là. Mais tout cela n'est qu'un bonheur de parade. »

« Ne dites pas, écrit l'éminent jurisconsulte de Vimory, M. le vicomte de Cormenin, ne dites pas, en vous comparant aux riches, que la Providence vous a fait naître dans une condition dure et misérable, que leur destin seul est digne d'envie, et que le vôtre est bien à plaindre. Pas tant que vous le croyez. La nature ne leur a pas donné deux bouches et deux estomacs ; ils connaissent des ennuis, des alarmes, des insomnies, des langueurs, des remords qui ne vous atteindront jamais. Si vos mets sont plus grossiers, l'appétit les assaisonne ; si votre sommeil est court, il est profond ; si vos travaux sont plus rudes, votre repos est plus doux ; si vos labeurs sont plus accablants, vos bras sont plus robustes ; si vos plaisirs sont moins vifs, la société ne les émousse pas. De l'or dans sa bourse, un château, des valets, des équipages, des vins fins, une longue enfilée de bois, de vignes, de prairies et de terres, ne font pas qu'un grand soit plus heureux que le plus petit de ses voisins ; les titres, les armoiries, les honneurs, les décorations, les parures ne sont que des signes de vanité et de convention, que l'homme ne tire pas de son propre fond et qui s'ôtent le soir, la plupart avec son habit, sans que son corps et son âme en jouissent. Il n'y a que vide et que dégoûts dans tous les plaisirs de la riche oisiveté... *Souvenez-vous que le véritable bonheur dépend uniquement du travail, de la science et de la vertu.* »

Longtemps avant M. de Cormenin, notre immortel La Fontaine avait exprimé les mêmes vérités, dans ces beaux vers :

Ni l'or ni la grandeur ne nous rendent heureux,
Ces deux divinités n'accordent à nos vœux
Que des biens peu certains, qu'un plaisir peu tranquille.
Des soucis dévorants c'est l'éternel asile...
L'humble toit est exempt d'un tribut si funeste ;
Le sage y vit en paix et méprise le reste.

Gilbert tâcha donc de découvrir pour sa fille un jeune homme juste, laborieux, économe, moral, religieux et bien élevé. Il le trouva dans Etienne Isquin. Bientôt tous eurent à admirer l'affection pudique, réservée et chrétienne des deux jeunes gens. C'est qu'il n'est rien de beau, de doux, de grand dans la vie que les choses mystérieuses. Les sentiments les plus merveilleux sont ceux qui nous agitent un peu confusément. La pudeur, l'amour chaste, l'amitié vertueuse sont pleins de secrets. On dirait que les cœurs qui s'aiment s'entendent à demi-mot, et qu'ils ne sont que comme entr'ouverts.

Au jour convenu, les carillons des cloches de Montargis se firent entendre, et les deux jeunes fiancés s'avancèrent au pied des autels, suivis de leurs deux familles, pour y recevoir la bénédiction nuptiale. Leur démarche était grave et solennelle ; la pompe des cérémonies fut silencieuse et auguste. Le cœur de Gilbert débordait de joie, et ses yeux se mouillèrent de larmes bien douces, lorsque le célébrant, les bras majestueusement étendus sur sa fille, sa consolation et son amour, prononça avec gravité ces belles paroles, ces sages enseignements de l'Eglise :

« O Dieu, unissez, s'il vous plaît, les esprits de

ces époux, et versez dans leurs cœurs une sincère amitié. Regardez d'un œil favorable votre servante. Faites que son joug soit un joug d'amour et de paix ; faites que, chaste et fidèle, elle suive toujours l'exemple des femmes fortes ; qu'elle se rende aimable à son mari comme Rachel ; qu'elle soit sage comme Rebecca ; qu'elle jouisse d'une longue vie et qu'elle soit fidèle comme Sara. Qu'elle obtienne une heureuse fécondité, qu'elle mène une vie pure et irréprochable, afin d'arriver au repos des saints et au royaume du ciel ; faites, Seigneur, qu'ils voient tous deux les enfants de leurs enfants jusqu'à la troisième et quatrième génération, et qu'ils parviennent à une heureuse vieillesse. »

Rentré chez lui et demeuré seul, Gilbert jouissait du bonheur de ses enfants. S'il quittait sa demeure pour aller dans la campagne respirer un peu d'air pur, il se rendait toujours, vers la fin de sa promenade, dans le lieu de leurs occupations, pour leur sourire, et parfois leur être utile. S'il sortait en ville pour entendre un peu le murmure de la vie, il ne rentrait jamais dans sa maisonnette sans avoir passé par le lieu de leur repos. Mais quand il se vit grand-père, le bon vieillard ne tenait plus chez lui, il était presque continuellement là où étaient toutes ses amours, berçant la petite-fille et lui servant de bonne d'enfant ; c'est dire que la joie et le bonheur étaient revenus dans son cœur.

Mais, hélas ! la bonne fortune est comme le verre : brillante, mais d'autant plus fragile. Dans la vie, l'adversité fait place au bonheur, comme le bonheur à l'adversité. Gilbert ne tarda pas encore à en faire une nouvelle et bien triste expérience. Sa fille adorée mourut à la fleur de l'âge et sa mort le frappa comme un coup de foudre. Longtemps il fut dans une espèce de stupeur qui lui ôtait la faculté de sentir toute l'étendue de son infortune. Dieu ! que sa chambrette lui paraissait déserte, sombre, effroyable ! Il n'entrevoyait plus pour lui-même qu'une vie malheureuse, et la fin de ses vieux jours lui paraissait bien trop tardive. On lisait sur son visage abattu ce cri de découragement :

> Et je dis : nulle part le bonheur ne m'attend...
> Et moi, je suis semblable à la feuille flétrie :
> Emportez-moi comme elle, orageux aquilons.

A la longue, sa foi chrétienne, sa religion sincère finirent par prendre le dessus et dissipèrent ses noires idées. « Ma fille adorée, se dit-il, est au ciel, c'est là que j'irai bientôt la rejoindre. Elle me laisse un petit ange, je ne dois pas l'abandonner ; je dois vivre encore pour cette chère enfant. » Quand, peu de temps après, il eut perdu son gendre, il comprit encore bien davantage toute l'étendue de ses obligations ; sa vieille énergie se réveilla et il se mit à l'œuvre. Il prit chez lui sa petite Marie-Anne qui, si jeune, faisait déjà son apprentissage de douleur, car l'infortune lui tendait la main au berceau. Il eut pour elle les attentions les plus affectueuses ; il écoutait, l'âme tout émue, son charmant petit babil, il prêtait l'oreille à ces jolis petits riens qu'elle commençait à débiter avec une si gentille volubilité, et son cœur se fondait à ce contact délicieux d'un être qui lui rappelait des êtres tant aimés.

Pourtant il fallut penser à l'avenir. Gilbert était bien tenté de garder sa petite-fille, pour sa satisfaction personnelle ; mais, seul et trop âgé, il sentait son impuissance à pourvoir convenablement à ses besoins physiques, moraux et intellectuels. Il fallait donc se séparer, pour le bien même de l'enfant. Inspiré par les sentiments dont il était animé, il ne put mettre de l'indifférence dans le choix des personnes auxquelles il allait confier l'enfant qui était la somme de son bonheur, l'espoir de ses dernières années, la seule source de joie qui lui restait sur la terre.

Sa longue expérience lui avait souvent fait remarquer que des parents, pour avoir donné trop légèrement leurs enfants à des mercenaires, avaient été obligés de reconnaître qu'ils avaient été mal remplacés : il chercha donc des institutrices qui, dégagées des intérêts humains, pourraient donner à sa petite Marie-Anne des leçons précieuses de science, de morale et de religion ; être enfin pour elle de secondes mères ; et il pensa à l'orphelinat de Montargis dirigé par les pieuses et intelligentes Filles de la Sagesse. Comme il jouissait de l'estime et de la considération de tous, et que tous s'intéressaient à ses malheurs, sa demande fut favorablement accueillie par les administrateurs de cette inestimable fondation, et l'enfant fut confiée aux soins des bonnes religieuses.

Marie-Anne avait six ans quand elle entra dans cette maison bénie du ciel. Déjà on remarquait son allure distinguée, l'intelligence qui se reflétait sur sa jolie petite figure, et la grâce enfantine de son charmant visage : tout commençait à plaire en elle, et son regard à la fois doux et aimable, et sa mise simple mais bien soignée, et ses petites manières polies et gracieuses. Le bon grand-père la conduisit lui-même, par la main, à l'orphelinat. Mais quand il fallut se quitter, il eut le cœur bien gros ; toutefois il s'arma de courage et il lui dit : « Marie, sois bien obéissante aux bonnes Sœurs, car, vois-tu, mon enfant, l'obéissance est la première des vertus d'une petite fille ; elle est la base et la perle de toutes les autres vertus. Avec l'obéissance, tu auras l'amour de tes bonnes maîtresses, tu feras de rapides progrès dans la sagesse et dans les connaissances qui assureront ton avenir. L'obéissance te conduira d'un vol rapide dans la voie de la perfection. O ma petite-fille, rends-toi digne de la mémoire de ta mère, rends-toi digne de ma tendresse ! »

Une dernière fois, le bon vieillard déposa un baiser bien brûlant sur le front de son enfant, et il se retira dans sa demeure devenue pour lui un désert, en cachant de grosses larmes qui ruisselaient de ses yeux.

CHAPITRE V.

LES FILLES DE LA SAGESSE DE MONTARGIS.

Jusqu'en l'année mil huit cent quatre-vingt-quatre, si on entrait à l'hospice de Montargis, on voyait, d'un côté, une vaste salle d'asile contenant des centaines de petits enfants ; de l'autre, de grandes salles d'école recevant les innombrables jeunes filles de la ville ; au centre, des bâtiments plus considérables encore où étaient accueillis tous les malades pauvres et tous les infirmes de la contrée. Si on pénétrait dans le réfectoire des religieuses, dans leur dortoir, dans leur chambre de travail, dans la chapelle d'où leurs prières si pures et si ferventes montaient sans cesse vers le ciel, on trouvait avec elles les jeunes orphelines. Toutes ces institutions qui exigent tant de dévouement et de charité : Hôtel-Dieu, écoles, orphelinat, étaient confiées aux Filles de la Sagesse.

Je ne crois pas inutile de donner ici uns idée des vertus et des sacrifices de ces vierges chrétiennes.

La vie des Filles de la Sagesse est une vie continuelle d'amour de Dieu et d'amour du prochain pour Dieu. Le Seigneur les a saisies, élégantes jeunes filles, sous les préparatifs de l'hymen et au sein des caresses maternelles, et il les a transformées en Sœurs de charité.

Pour peindre en peu de mots leur amour de Dieu, je prendrai le tableau si véridique qu'en fait un auteur connu : « Ne trouvant rien ici-bas qui lui suffise, leur âme avide cherche ailleurs de quoi se remplir ; en s'élevant jusqu'à Dieu, à la source du sentiment, elle y perd sa sécheresse et sa langueur : elle y renaît, elle s'y ranime, elle y trouve un nouveau ressort, elle y puise une nouvelle vie ; elle y prend une autre existence qui ne tient point aux passions du corps, ou plutôt elle n'est plus en elle-même, elle est toute dans le Dieu qu'elle contemple, et, dégagée un moment de ses entraves, elle se console d'y rentrer, par cet essai d'un état plus sublime qu'elle espère être un jour le sien. »

Si le souvenir des sacrifices accomplis amène un instant de tristesse dans leur esprit, les Filles de la Sagesse se reprochent d'être sensibles à de si faibles chagrins et d'oublier de si grandes grâces ; et quelques pleurs versés devant Celui qui console soulagent leur cœur à l'instant. Leurs réflexions ne sont jamais amères ni douloureuses ; leurs légères fautes leur donnent moins d'effroi que de honte : elles ont des regrets et non des remords. Le Dieu qu'elles servent est un Dieu clément, un père ; ce qui les touche, c'est sa bonté : elle efface à leurs yeux tous ses autres attributs ; elle est le seul qu'elles conçoivent. Sa puissance les étonne, son immensité les confond, sa justice... Il a fait l'homme faible : puisqu'il est juste, il est clément. « O Dieu de paix, Dieu de bonté ! disent-elles souvent au Seigneur, c'est toi que j'adore : c'est de toi, je le sens, que je suis l'ouvrage ; et j'espère te trouver au jugement dernier, tel que tu parles à mon cœur durant la vie. »

Saintes filles ! Le Seigneur tout seul leur paraît bon, véritable, fidèle, constant dans ses promesses, aimable dans ses ménagements, magnifique dans ses dons, réel dans sa tendresse, indulgent même dans sa colère, seul assez grand pour remplir toute l'immensité de notre cœur, seul assez puissant pour en satisfaire tous les désirs, seul assez généreux pour en adoucir toutes les peines, seul immortel, et qu'on aimera toujours ; le seul qu'on ne se repent jamais que d'avoir aimé trop tard. Elles ont cru ne rien céder à Dieu en lui cédant tout ; elles sont toujours avec lui dans le ravissement d'un amour qui commence, et cet amour a cela d'ineffable, que ses mystères sont ceux de l'innocence et de la pureté.

Les Filles de la Sagesse de Montargis ne concentrent pas leurs vertus dans l'amour seul de Dieu, elles savent aussi les répandre au dehors, comme un parfum bienfaisant, dans l'amour du prochain.

Qu'il est touchant de voir ces vierges jeunes, belles et compatissantes exercer dans l'Hôtel-Dieu, près des malades et des infirmes, la profession de médecin ! Comme on s'étonne de voir en elles cet air de propreté et de contentement qui annonce que le corps et l'âme sont également exempts de souillures ! Comme on remarque avec satisfaction qu'elles sont pleines de douceur et de bonté, mais toutefois sans manquer de fermeté pour soutenir la vue des maux et pour se faire obéir des malades. Aussi, on les apprécie dans le monde, on les honore même ; mais a-t-on pensé jamais aux épreuves douloureuses de leurs premières années ? Leur court passé se voile déjà dans la brume des lointains souvenirs. On fait comme elles, on ne regarde pas en arrière, et, déçu par leur calme sourire, trompé par la simplicité et la gaieté avec lesquelles se fait leur perpétuelle immolation, on passe à côté d'elles oubliant d'admirer. Quelle vie héroïque est leur vie pourtant! Vivre continuellement auprès du chevet des malades, respirer l'air impur qui s'échappe de la bouche des moribonds, soigner des plaies souvent hideuses, voilà leur existence.

On dit, affirme un auteur récent, que sur le mont Saint-Bernard, un air trop vif use les ressorts de la respiration, et qu'on y vit rarement plus de dix ans. Ainsi, la religieuse qui s'enferme dans l'hospice peut calculer à peu près, elle aussi, le nombre de jours qu'elle restera sur la terre; tout ce qu'elle gagne au service ingrat des hommes, c'est de connaître le moment de la mort, qui est caché au reste des humains. On assure que presque toutes les filles des Hôtels-Dieu ont habituellement une petite fièvre qui les consume et qui provient de l'atmosphère corrompue où elles vivent. Aussi il n'y a personne, continue l'auteur que nous citons, qui ne les regarde comme autant de saintes victimes qui, par un excès d'amour et de charité pour secourir leur prochain, courent volontiers à la mort qu'elles affrontent.

Parfois, elles ont devant elles des âmes plus infectées que le corps; peu importe : la pitié ne fait pas attention à la cause du malheur, mais au malheur lui-même. Toujours elles ont la bonté sur le visage et la paix du ciel dans le cœur. Ce qui les fortifie, c'est cette parole de Jésus : « Bienheureux ceux qui sont miséricordieux, parce qu'ils seront traités avec miséricorde. » Ce n'est point, en effet, dans cette malheureuse vallée de larmes qu'elles espèrent leur récompense. Oh! non, mais ce sera dans la nouvelle Jérusalem. Telle est leur foi, telle est leur espérance, telle sera leur récompense. Car,

> Si mourir pour son prince est un illustre sort,
> Quand on meurt pour son Dieu, quelle sera la mort

Consacrer sa vie à soulager nos douleurs, est le premier des bienfaits; le second est de nous éclairer. Ce sont encore les Filles de la Sagesse qui s'ensevelissent dans la poussière des écoles de Montargis et s'obligent, par charité, à montrer à lire, à écrire au petit peuple, en commençant par l'A, B, C; à compter, à calculer, et même à tenir les livres chez les marchands et dans les bureaux. Elles enseignent également beaucoup d'autres connaissances, car il n'y a pas une branche de sciences pédagogiques qu'elles n'aient cultivée avec éclat. Toujours elles sont agréables à la jeunesse, parce que leurs manières polies ôtent à leurs leçons ce ton pédantesque qui rebute l'enfance : de sorte qu'on peut leur appliquer cette parole de Montesquieu : « Il est toujours bon de gouverner les hommes en les rendant heureux. »

Mais a-t-on jamais pensé à ce qu'il faut de dévouement, de patience, d'amour, d'intelligence et de tact à ces bonnes religieuses, pour élever, comme il faut, une si nombreuse jeunesse ! Parmi nous, un seul enfant fatigue et souvent impatiente ses proches. Les Filles de la Sagesse en élèvent par centaines, sans se plaindre et murmurer jamais. Quand on leur conduit une nouvelle élève, surtout quand on leur confie une nouvelle orpheline, elles entendent au fond de leur cœur cette parole du ciel : « Recevez cette enfant, élevez-la pour moi. » Et, se regardant comme les peintres de Dieu, elles rivalisent d'ardeur pour reproduire son image dans cette enfant ; s'estimant comme les statuaires de Dieu, elles s'efforcent de faire prendre à cette enfant une attitude, des traits, des pensées, des mœurs dignes de Dieu.

  O bienheureux mille fois
  L'enfant que le Seigneur aime,
  Qui de bonne heure entend sa voix,
  Et que ce Dieu daigne instruire lui-même !

> Loin du monde élevé, de tous les dons des cieux
> Il est orné dès sa naissance,
> Et du méchant l'abord contagieux
> N'altère point son innocence.
> Tel en un secret vallon,
> Sur le bord d'une onde pure,
> Croît, à l'abri de l'aquilon,
> Un jeune lis, l'amour de la nature.

Dans ces enfants, elles en trouvent qui sont hautaines, dédaigneuses, colères, curieuses, volages, dissimulées, intempérantes. Que de dons du ciel ne leur faut-il pas pour extirper tous ces défauts ! Il n'y a qu'un soin extrême qui puisse empêcher les ronces de se mêler aux fleurs, et l'ivraie de se répandre parmi les grains : il n'y a aussi qu'une vigilance continuelle qui puisse empêcher les vices de se joindre aux vertus dans les enfants, tant leur nature ressemble à celle de la terre qui produit également le bon et le mauvais. Elles le savent bien, et elles consumeront tous leurs jours à cette noble tâche. Elles auraient pu briller dans le monde, cependant ; car elles ont été belles, et leurs mains si pures auraient pu recevoir l'anneau des fiançailles, s'appuyer au bras d'un époux, cueillir ces fleurs qui s'appellent les joies maternelles, fleurs si délicieuses que leur souvenir suit et console jusqu'au tombeau. Elles ne l'ont pas voulu.

Pour l'amour de Jésus, elles mourront inconnues, sans que ceux qui les ont aimées enfants les enterrent à l'heure suprême ; sans que, d'un dernier baiser, leurs mères viennent fermer leurs yeux

« Nous avouons notre incapacité à trouver des louanges dignes de telles charités et de telles abnégations, dit Chateaubriand : des pleurs et de l'admiration sont tout ce qui nous reste. Qu'ils sont à plaindre ceux qui veulent détruire la religion, et qui ne goûtent pas la douceur des fruits de l'Évangile ! » — « Le stoïcisme ne nous a donné qu'un Épictète, dit Voltaire, et la philosophie chrétienne forme des milliers d'Épictètes qui ne savent pas qu'ils le sont, et dont la vertu est poussée jusqu'à ignorer leur vertu même. »

CHAPITRE VI.

L'ÉDUCATION DES ENFANTS, POUR ÊTRE BONNE, DOIT ÊTRE RELIGIEUSE.

La force d'âme et un ensemble de qualités innées ont grandement contribué, sans doute, à édifier le tempérament moral et la nature parfaite de Marie-Anne Isquin; mais la religion seule a pu donner à son caractère cette fixité, cette supériorité d'énergie et cette persévérance qui a couronné l'usage de ses belles facultés, et qui nous fera admirer, plus tard, dans sa vie, non pas tel ou tel acte de vertu, mais un tout parfait de vertus évangéliques paraissant s'être unies par une complète fusion et dans un ensemble surprenant, comme ces tableaux de Raphaël dont toutes les couleurs sont si harmonieusement fondues, que les détails semblent n'avoir rien de très particulièrement beau, mais le tout est d'une beauté supérieure.

Cet admirable résultat fut obtenu par l'art merveilleux avec lequel les Filles de la Sagesse savent cultiver le sol de la nature, en exploiter avec une habileté divine les moindres richesses, pour jeter la semence de l'Évangile et l'arroser avec la grâce de Jésus-Christ.

Nous pensons donc que ce serait, ici, l'occasion de démontrer l'importance de la bonne éducation des enfants et de prouver que, pour être bonne, elle doit être religieuse.

Dans un dialogue de Platon, un interlocuteur se mit à énumérer avec emphase les magnificences matérielles du règne de Périclès, les palais construits, les places publiques ornées de statues, les temples décorés, le progrès des arts, l'accroissement de la richesse publique, les efforts tentés pour propager l'instruction du peuple..... « Mais, dit Platon l'interrompant, a-t-il rendu les hommes meilleurs et plus heureux ? »

Dans l'époque où nous vivons, on pourrait poser la même question : les palais-écoles que nous élevons à grands frais, les constructions et les améliorations dispendieuses que nous proposons ou que nous réalisons pour le régime des collèges et des lycées, aboutiront-ils à rendre les générations qui s'élèvent meilleures et plus heureuses? Grave question.

Pour la résoudre, nous empruntons les sages réflexions d'un auteur autorisé : « S'il est une chose qui se lie étroitement aux destinées d'une nation, qui doive exciter la sollicitude des gouvernements comme des particuliers, et qui soit capable de prévenir ou de préparer la ruine des générations à venir, c'est l'éducation des enfants. Voilà une des causes principales de la prospérité ou du dépérissement des États. Loin de nous ici l'insouciance et le dédain : il s'agit de l'intérêt le plus pressant de toutes les familles ; il s'agit du salut même de la patrie. »

Où faut-il placer la source véritable de la prospérité et de la félicité publiques? Est-ce dans une agriculture perfectionnée, qui rend les fruits de la terre plus variés et plus abondants, qui met davantage les peuples à couvert des ravages de la famine? Est-ce dans un commerce florissant, qui multiplie les richesses et rend communes à une contrée les productions de toutes les autres? Est-ce dans une population toujours croissante et des armées bien disciplinées, qui rendent un peuple redoutable à ses voisins? Est-ce dans l'éclat des sciences et des arts, dans tout ce qui semble donner à une nation la prééminence de l'esprit et du talent? Est-ce enfin dans ces ingénieuses combinaisons politiques, qui balancent les intérêts et les passions, paraissent tenir un Etat comme suspendu entre la licence et la tyrannie, et font voir l'alliance si difficile de la liberté et de la tranquillité de tous? Certes, ce sont là des choses précieuses, faites pour exciter la sollicitude des gouvernements, et qui, en effet, ont fixé l'attention des sages et des législateurs dans tous les siècles. Je le sais; quand on voit un peuple riche, éclairé, puissant, on est tenté de le croire, par cela seul, au comble de la prospérité, et l'on conçoit à peine comment il pourrait en déchoir. Le Prophète-Roi ne dit-il pas en parlant des Philistins : « Leurs enfants se multiplient et croissent comme des plantes pleines de sève et de vigueur; leurs filles sont parées et ornées comme des temples; leurs celliers sont remplis jusqu'à regorger les uns dans les autres; leurs troupeaux sont nombreux et féconds, leurs murailles ne présentent aucune brèche : on les croit, on les dit heureux. » Ce langage que le monde tenait il y a trois mille ans, il le tient encore. Mais, sans nous laisser éblouir, examinons le fond des choses : il ne s'agit pas de chercher pour un peuple un éclat passager, mais un bien solide et durable. C'est peu de s'arrêter aux dehors de l'édifice, il faut descendre jusqu'aux fondements pour en examiner la solidité.

Eh bien, soyons judicieux et ne nous faisons

pas illusion. Ce qui, dans la famille, garantit l'autorité paternelle, la piété filiale, l'union des époux, la fidélité des serviteurs, toutes les vertus domestiques ; ce qui, dans la société civile, garantit la stabilité des institutions, le respect des lois, la soumission aux magistrats ; ce qui, dans les conditions diverses, garantit la probité, la bonne foi, l'amour du travail, la paix : voilà, aux yeux de tout homme raisonnable, ce qui constitue la prospérité des États. Or le principe créateur et conservateur de l'ordre et de la justice, cet esprit de vie sociale qui anime le corps politique, à quoi le devra-t-on? C'est principalement à la bonne éducation des enfants.

Maintenant, je dis que cette éducation, pour être bonne, doit être religieuse. Assurément, dans notre époque, les mots de morale et de moralité sont d'un fréquent usage dans le discours, quand il s'agit de l'éducation des enfants. Mais l'erreur de nos temps modernes, c'est de vouloir séparer la morale de la religion, de tracer des règles de conduite sans les lier à ces pieuses croyances qui leur donnent tant de force et d'autorité, d'imposer à l'homme le joug des devoirs, en rejetant ce qui aide le plus sa faiblesse à le porter. O que le chrétien a bien mieux connu notre nature, nos infirmités et nos besoins, en même temps que les droits inviolables du Créateur, lorsqu'il a appuyé ses préceptes sur la volonté de Dieu, du législateur suprême, de celui qui a seul le droit de commander à l'homme! La morale humaine est sèche et froide; elle peut montrer la route, mais elle ne donne pas le courage de la parcourir. La religion descend dans le cœur; elle le pénètre de la pensée de la divinité, le rend capable de tous les efforts, de tous les sacrifices que peut demander la vertu, en le remuant avec force par les craintes et les espérances de l'avenir.

Supposons, pour un moment, que, sur la surface de notre France, dans nos campagnes comme dans nos cités, les enfants des deux sexes fussent confiés à des mains sages et pures, dignes de former leur esprit et leur cœur; pénétrons par la pensée dans les écoles qui renferment les espérances de la patrie. Là on apprend à connaître Dieu et sa loi; là on enseigne tout ce qui est juste, tout ce qui est bon, tout ce qui est louable; et si l'on y cultive avec soin ces connaissances qui font l'homme instruit, on s'y attache davantage encore à ce qui fait l'homme vertueux: là on a sous les yeux des exemples dont l'autorité est plus douce, plus efficace que celle des leçons. Que de semences de vertu, jetées ainsi dans ces âmes encore neuves, y pousseront des racines profondes! Et comment n'en verrait-on pas éclore les fruits les plus salutaires, plus de respect pour l'autorité paternelle, plus d'union dans les familles, plus de probité dans le commerce de la vie, plus d'amour de l'ordre et de la justice, plus de fidélité à tous les devoirs?

Ainsi, dans ma supposition, on voit croître des générations entières au milieu d'heureuses habitudes, qui les disposent à rendre à la Société, par leurs services, ce qu'elles auront reçu d'elle par le bienfait de l'éducation. La variété aura bien pu se trouver dans les méthodes, mais le fond de l'instruction, des impressions religieuses et morales, sera le même; dès lors, d'un bout de la France à l'autre, quel concert de doctrines, de vues, de sentiments! Toutes les familles, animées d'un même esprit, ne formeront plus qu'une même famille; la France entière sera, pour ainsi dire, comme un seul homme. La voilà cette éducation nationale dont on fait tant de bruit, la seule digne de ce nom, parce que seule elle peut faire la prospérité et le bonheur de la nation.

Mais appuyons nos sentiments sur les sentiments des autorités compétentes, et nous verrons qu'elles ont pensé que la religion, en faisant tout dériver de Dieu, en attachant à son trône le premier anneau de la chaîne des droits et des devoirs, affermit l'autorité, les lois, les obligations, et rend ainsi à la société d'inappréciables services. Écoutons d'abord l'apôtre saint Paul parlant au peuple-roi qui a donné des lois au monde : « Que tous soient soumis aux puissances supérieures ; car il n'y a point de puissance qui ne vienne de Dieu..... Il est donc nécessaire de vous y soumettre, non seulement par la crainte du châtiment, mais aussi par devoir de conscience. Rendez donc à chacun ce qui lui appartient, à qui est dû le tribut, le tribut ; à qui la crainte, la crainte ; à qui l'honneur, l'honneur. »

Interprètes de la nature, inspirés par elle, Dracon, Lycurgue, Solon, en formant les premières et les plus florissantes républiques de la Grèce, donnèrent les principaux soins aux affaires de la religion. Romulus suivit cette règle, lorsqu'il donna ses lois à son État naissant. Platon et Aristote, quelque opposés qu'ils soient d'ailleurs, sont d'accord en ce point, que la cité n'est excellente et heureuse qu'autant qu'elle se propose le souverain bien, et ils ajoutent qu'elle ne peut jamais y parvenir que par la religion. « Mortels, s'écrie Platon, il est un Dieu que les pères de nos pères ont nommé le commencement, le milieu, la fin de tous les êtres. A ses côtés marche éternellement la justice qui punit les violateurs de la loi divine. L'homme prédestiné au bonheur s'attache à elle, et suit avec humilité la trace auguste de ses pas; tandis que l'insensé, aveuglé par ses passions, se trouve bientôt sans Dieu, sans vertu, renverse tout; et, après avoir joui un instant d'une fausse gloire, victime réservée aux coups de la justice inévitable, se perd lui-même avec sa famille et sa patrie. Ainsi, que doit penser, que doit faire le sage ? Toutes ses idées, tous ses efforts se tourneront vers Dieu ; c'est de lui qu'il faut être aimé, c'est lui qu'il faut suivre. »

Passons à des témoignages qui ne seront pas suspects à la philosophie moderne.

Jeannin, notre intègre Jeannin qui fut la gloire de la magistrature française, ne disait-il pas : « La félicité des nations dépend de la bonne éducation de la jeunesse, où l'on doit avoir pour but d'apprendre aux enfants le culte religieux et sincère que Dieu exige d'eux, l'attachement inviolable qu'ils doivent à leurs père et mère, le respect et l'obéissance qu'ils sont obligés de rendre aux autorités et aux magistrats. »

« Fuyez, s'écrie Jean-Jacques Rousseau, fuyez ceux qui, sous prétexte d'expliquer la nature, sèment dans le cœur des hommes de désolantes doctrines, et dont le scepticisme apparent est cent fois plus affirmatif et plus dogmatique que le ton décidé de leurs adversaires ; sous le hautain prétexte qu'eux seuls sont éclairés, vrais, de bonne foi, ils nous soumettent impérieusement à leurs décisions tranchantes, et prétendent nous donner, pour les vrais principes des choses, les inintelligibles systèmes qu'ils ont bâtis dans leur imagination. Du reste, renversant, détruisant, foulant aux pieds tout ce que les hommes respectent, ils ôtent aux affligés la dernière consolation de leur misère, aux puissants et aux riches le seul frein de leurs passions ; ils arrachent au fond des cœurs le remords du crime, l'espoir de la vertu, et se vantent encore d'être les bienfaiteurs du genre humain. Jamais, disent-ils, la vérité n'est nuisible aux hommes : je le crois comme eux ; et c'est, à mon avis, une grande preuve que ce qu'ils enseignent n'est pas la vérité.

» Un des sophismes les plus familiers au parti philosophiste est d'opposer un peuple supposé de bons philosophes à un peuple de mauvais chrétiens : comme si un peuple de vrais philosophes était plus facile à faire qu'un peuple de vrais chrétiens. Je ne sais si, parmi les individus, l'un est plus facile à trouver que l'autre ; mais je sais bien que, dès qu'il est question du peuple, il en faut supposer qui abuseront de la philosophie sans religion, comme les nôtres abusent de la religion sans philosophie ; et cela me paraît changer beaucoup l'état de la question.

» D'ailleurs, il est aisé d'étaler de belles maximes dans des livres ; mais la question est de savoir si elles tiennent bien à la doctrine, si elles en découlent nécessairement ; et c'est ce qui n'a point paru jusqu'ici. Reste à savoir encore si la philosophie, à son aise et sur le trône, commanderait bien à la gloriole, à l'intérêt, à l'ambition, aux petites passions de l'homme, et si elle pratiquerait cette humanité si douce qu'elle nous vante la plume à la main. *Par les principes, la philosophie ne peut faire aucun bien que la religion ne le fasse encore mieux ; et la religion en fait beaucoup que la philosophie ne saurait faire.* »

Reconnaissons donc que ces doctrines libérales en sentiments de piété filiale, en dévouement pour le bien de ses semblables, en soumission pour l'ordre établi, en principes conservateurs de la tranquillité, de la liberté, du bonheur de tous ; ces doctrines, la religion en est l'amie et le soutien, ou, plutôt, ces doctrines sont la religion elle-même. C'est ce qui a fait dire à un autre philosophe que les incrédules écoutent encore avec une docilité merveilleuse : « La religion est le foyer de toutes les vertus, la philosophie de tous les âges, la base des mœurs publiques ; le ressort le plus puissant qui soit dans la main des législateurs, plus fort que l'intérêt, plus universel que l'honneur, plus actif que l'amour de la patrie ; le garant le plus sur que les rois puissent avoir de la fidélité de leurs peuples, et les peuples de la justice de leurs rois ; la consolation des malheureux, le pacte de Dieu avec les hommes et, pour employer une image d'Homère, *la chaîne qui suspend la terre au trône de l'Éternel.* »

Washington proclama hautement cette incontestable vérité, quand il consigna dans son *Testament politique* ces mémorables paroles bien dignes d'être méditées : « La religion et sa morale sont les bases nécessaires de la prospérité des États. En vain prétendrait-il à la gloire du patriotisme celui qui voudrait renverser ces deux colonnes de l'édifice social. »

Certes, ils ont été amis de la philosophie et de

la religion tout ensemble, ces beaux génies qui, dans les derniers âges, ont donné le branle à toutes les connaissances humaines, et devant lesquels il faut bien que notre orgueil s'abaisse, les Bacon, les Descartes, les Pascal, les Galilée, les Copernic, les Leibniz, les Newton. Et quand on sait que les plus sublimes découvertes de l'esprit humain sont dues à des hommes profondément religieux, comment ose-t-on nous dire que la religion nuit aux progrès de la science et de la raison ? Au surplus, pesons bien ces paroles de d'Alembert : « Les plus nobles représentants de la raison, les conducteurs les plus sages de l'humanité, ont été religieux : c'est un fait. On pourrait produire aisément la liste des grands hommes qui ont regardé la religion comme l'ouvrage de Dieu ; liste capable d'ébranler, même avant l'examen, les meilleurs esprits, mais suffisante au moins pour imposer silence à une foule de conjurés, ennemis impuissants de vérités nécessaires aux hommes, que Pascal a défendues, que Newton croyait, que Descartes a respectées. »

Il nous reste maintenant à démontrer que, quand Dieu ne préside pas à la famille, à la société, à l'éducation, comme à l'univers, la famille, la société, l'éducation tombent dans l'égarement et le désordre ; de même que l'univers rentrerait dans la confusion et dans le chaos.

Suivons, un instant, la jeunesse sortant des écoles où la religion n'a pas été enseignée, pour n'y plus rentrer. Là commence pour elle une nouvelle éducation ; un monde corrompu s'en empare ; c'est maintenant le règne des séductions, des maximes commodes et perverses, de la liberté de tout dire et de tout faire loin des regards d'une surveillance importune. Au milieu de tant de périls, que pourront, pour la sauver, quelques préceptes de morale humaine ? Alors, si, par les croyances réprimantes de la religion, on n'a pas fortifié les jeunes cœurs contre les attaques du vice ; si, par de saintes habitudes, on n'a pas préparé l'ancre salutaire pour l'époque des passions orageuses, le naufrage n'est-il pas inévitable ! Oui, lancer sans principes religieux la jeunesse au milieu du monde, c'est lancer sans gouvernail et sans pilote un vaisseau au milieu des tempêtes.

Appuyons ces dernières conclusions sur les témoignages et sur les faits les plus irrécusables. Et d'abord, pesons mûrement cette pensée de Montesquieu : « Dire que la religion n'est pas un motif réprimant, parce qu'elle ne réprime pas toujours, c'est dire que les lois civiles ne sont pas un motif réprimant non plus... La question n'est pas de savoir s'il vaudrait mieux qu'un certain homme ou qu'un certain peuple n'eût point de religion que d'abuser de celle qu'il a; mais de savoir quel est le moindre mal, que l'on abuse quelquefois de la religion ou qu'il n'y en ait point du tout parmi les hommes. »

Ceci posé, écoutons ces paroles bien remarquables de Machiavel : « Si l'attachement au culte divin est le garant le plus assuré de la grandeur d'un État, le mépris de la religion est la cause la plus certaine de sa décadence. » — Éclairé par l'expérience, Jean-Jacques Rousseau fait cet aveu : « J'avais cru qu'on pouvait être vertueux sans religion, mais je suis bien détrompé de cette erreur. » Aussi, que demandait-il dans celui de ses écrits où il se pose pourtant en apôtre fougueux de la liberté la plus illimitée ? « Qu'on dressât une formule de foi civile, par laquelle tout citoyen ferait serment de professer le dogme de l'existence de Dieu, de la providence, de la vie future. » Il voulait que celui qui refuserait d'y souscrire fût banni comme insociable. Certes, si ces paroles étaient sorties d'une plume ecclésiastique, on eût crié au fanatisme, à l'intolérance.

Dans l'*Esprit des lois*, Montesquieu, déjà cité, a

rendu, sur la question qui nous occupe, les hommages les plus éclatants à l'heureuse influence de la religion ; et dans l'ouvrage le plus fortement pensé qui soit sorti de sa plume, il remarque que l'épicurisme qui s'était introduit dans la République romaine en avait préparé la décadence. — Voltaire va plus loin encore, il semble s'être souvenu de ces paroles du Sage : « Les entrailles des impies sont cruelles, » quand il dit énergiquement : « Si le monde était gouverné par des athées, il vaudrait autant être sous l'empire immédiat de ces êtres infernaux qu'on nous peint comme acharnés sur leurs victimes. » — Et un auteur contemporain ajoute avec sa verve un peu vive mais vraie : « Quand on fait litière de tout ce qui est sacré, quand, après avoir enlevé au peuple ses sublimes espérances, on a tué son âme, la bête survit en lui, avec tous ses instincts corrupteurs et sauvages, et personne ne peut la contenir quand elle est démuselée. »

Arrivons enfin aux expériences faites de l'instruction et de l'éducation sans les principes religieux.

A la suite de la grande Révolution, on avait assayé, dans notre pays, d'élever les enfants avec la seule prétendue morale scientifique. Sur les débris des établissements antiques, on en éleva de nouveaux ; et, à ce sujet, que de violentes déclamations contre ce qui avait été jusqu'alors, que de fastueuses promesses pour l'avenir ! Les novateurs ne craignaient pas de dire hautement que, pendant vingt siècles, le genre humain avait été courbé sous le joug de l'erreur ; que les croyances religieuses dont on remplissait les esprits ne pouvaient que retarder l'essor de la raison, et que la poursuite de je ne sais quels biens invisibles d'une vie future s'était opposée au perfectionnement du monde présent. Ils ne manquaient ni d'esprit ni de savoir, tous ces sophistes, mais ils étaient emportés par le délire de l'irréligion. Un matérialisme grossier régnait dans tous les plans nouveaux d'éducation, qui portaient sur la haine de ce qu'on appelait *préjugés*, *superstition*, c'est-à-dire sur la haine des traditions, de l'expérience et surtout du christianisme.

Eh bien, rien peut-être ne prouve mieux ici la nécessité de la religion dans l'éducation des enfants que les efforts impuissants de vingt années pour s'en passer. Ecoutons Portalis, cet illustre jurisconsulte qui fut le principal rédacteur de notre code civil ; Portàlis s'écrie : « Il est temps que les théories se taisent devant les faits. Point d'instruction sans éducation, sans morale et sans religion.

Les professeurs ont enseigné dans le désert, parce qu'on a proclamé imprudemment qu'il ne fallait jamais parler de religion dans les écoles ; les enfants sont sans idée de la divinité, sans notion du juste et de l'injuste : de là des mœurs farouches et barbares, et bientôt un peuple féroce... Toute la France appelle la religion au secours de la morale et de la société. »

Voyons encore les résultats de l'éducation sans Dieu, chez un autre peuple : il y a plus de cinquante ans qu'en Amérique on dit à l'enfant : lire, écrire, calculer, savoir par cœur les cinq parties du monde, un peu de physique, un peu de chimie, un peu d'histoire, un peu de morale civique, c'est assez pour toi. Avec cela, tu peux te passer de l'influence de la religion.

Voici les conséquences d'un pareil programme d'instruction mis à exécution ; je copie textuellement le récit suivant que j'emprunte à la *Revue de l'Amérique du Nord :* « Si le plan de nos écoles publiques sécularisées avait tenu tout ce que promettaient ses auteurs, ses résultats heureux seraient, depuis longtemps, sensibles pour le monde entier. Oui, si l'école publique organisée sur le pied de la neutralité religieuse était faite pour combattre efficacement l'ignorance et le mal, les cinquante dernières années auraient amené dans notre pays, sous ce rapport, une telle amélioration sur l'état ancien, que toutes les nations n'auraient point, à notre égard, assez d'admiration et d'applaudissements ; elles ne pourraient que s'efforcer humblement de nous imiter.

» Mais, au contraire, est-il besoin de le dire, à tous les points de vue, nous sommes en décadence. Et nous ne parlons pas ainsi parce que, comme Horace, nous louons toujours le passé. Hélas ! ce que nous avançons est un fait public et notoire. Tout homme doué d'un véritable sens d'observation et qui a plus de trente ans d'expérience s'exprimerait comme nous le faisons.

» Nos grandes villes sont pleines de femmes et de jeunes hommes dont la paresse obstinée et l'élégante corruption ne peuvent se soutenir que par des moyens absolument inavouables. La vénalité de nos assemblées législatives est complète et publique. Les fraudes dans les élections sont maintenant pratiquées par tous les partis. La déloyauté dans les transactions, les abus de confiance sont tellement passés dans les habitudes, que l'on peut à peine parler de ce sujet sans honte. La politique, au lieu de se purifier et de s'ennoblir, est devenue une sorte d'industrie commerciale dans laquelle le succés appartient, d'année en année, à des hommes d'un moindre niveau intellectuel.

» Les divorces se sont si fort multipliés, qu'ils suffisent à remplir la colonne plaisante des journaux. Les crimes et les vices ont augmenté annuellement dans une proportion presque égale au développement du système actuel d'instruction.

» Le respect filial, l'amour envers les parents ont partout diminué, et nos jeunes hommes, pas plus que nos jeunes filles, ne savent plus rougir d'avoir perdu leur innocence et leur candeur. Enfin, les comptes rendus officiels établissent que, proportionnellement au chiffre de la population, les crimes, l'immoralité, la folie et le suicide sont en nombre plus grand, dans tous les États où le système des écoles publiques neutres a été adopté, qu'ils ne le sont dans ceux où l'on n'en a pas voulu.

» Voilà où nous en sommes, après un demi-siècle d'expérience de cette méthode d'éducation, que l'on représentait comme une sorte de panacée pour tous les maux de la vie sociale et politique. »

De tous ces faits et de toutes ces autorités si claires, si fortes, si unanimes, et qui viennent de toute part former la conviction, il reste demeuré établi que la religion fait le bonheur et la prospérité des nations ; qu'elle seule forme le véritable philosophe, et ses préceptes le véritable citoyen. Malheur aux générations naissantes, si nous ne sentons pas que, plus l'instruction sera répandue et populaire, plus il importe qu'elle soit profondément religieuse !

CHAPITRE VII.

MORT DE GILBERT.

Déposée dans un nid d'âmes suspendu entre la terre et les cieux, Marie-Anne n'avait pas à craindre une éducation sans Dieu ; aussi apprit-elle, en même temps, et les sciences de la terre et les sciences du ciel. Mignonne, jolie, à l'air recueilli, avec quelque chose de réservé et de mélancolique qui se trouve assez fréquemment chez les enfants auxquels a manqué l'expansion, elle acquit toutes les connaissances de son âge avec une grande facilité, surtout avec une grande docilité. L'action des bonnes religieuses sur son cœur était incessante, et leurs paroles, inspirées par un amour tout maternel, étaient une rosée qui sait toujours trouver les racines de la vie spirituelle et de la vie intellectuelle. Elles lui apprirent, sur leurs genoux, à prononcer les noms si doux de Jésus et de Marie, et à tracer, sur son font, le signe de la croix. Elles déposèrent dans son cœur les premières notions de la foi avec les premiers germes d'une véritable dévotion ; elles l'habituèrent à faire ses petites prières à genoux et les mains jointes, et elles imprimèrent dans son âme la conviction qu'un ange gardien bien pur, bien vigilant veillait sur elle, et que Dieu, qui lit au fond des cœurs, punit le péché et récompense la vertu.

Heureuses les familles qui reposent ainsi sous le cœur de femmes pieuses ; heureux les nids où des ailes maternelles s'étendent pour réchauffer, ou bien voltigent aux alentours, afin de savoir s'il n'y a rien à craindre pour le bonheur des petits enfants. Saintes Filles de la Sagesse qui avez tout le dévouement de la mère la plus tendre, vous pouvez répéter, avec la tranquillité de la confiance, la parole du Prophète : « Je mourrai dans mon nid d'amour, et cependant j'y multiplierai mes jours comme ceux du palmier. »

Autant de fois qu'une sage discrétion le lui permettait, et aux heures voulues, Gilbert allait visiter sa petite-fille chez les bonnes sœurs, et toujours la vue de ce saint asile qui renfermait son tout remuait son âme tendre et bonne. Il n'avait jamais cessé d'être un véritable chrétien fort attaché à la loi de Dieu, mais le désir de voir son enfant vint augmenter encore son attrait pour les cérémonies du culte, car il avait toujours apprécié leur excellence et leurs avantages, parce que, dans les saintes et graves solennités de l'Église, tout ce qu'on voit, tout ce qu'on entend, fait naturellement de salutaires impressions : là, des chants graves et purs, des cérémonies touchantes, un auguste appareil, le recueillement et le silence pénètrent les âmes et les invitent à la méditation. Les passions s'apaisent, la pensée de la divinité en devenant plus vive fait rougir le vice, ranime la vertu, console le malheur, dispose à des affections douces, à l'oubli des injures, à l'accomplissement des devoirs ordinaires de la vie. — Si la religion garde la morale, on peut dire que le culte garde la religion.

Il avait donc soin de s'informer du moment où les jeunes orphelines assistaient aux offices divins, les jours de dimanche et de fêtes, soit à l'église de la paroisse, soit à la chapelle de l'hospice; et alors il se rendait au milieu du concours des pieux fidèles, il priait avec ferveur et s'il relevait un instant la tête, c'était lorsque sa petite Marie-Anne et ses jeunes compagnes arrivaient dans le saint lieu, comme les vierges sages de l'Évangile. **La cérémonie religieuse terminée, Gilbert reprenait** le chemin de sa pauvre maisonnette, sans oser retourner la tête, et il emportait du bonheur et des souvenirs pour tout l'espace de temps qui allait s'écouler jusqu'à la fête prochaine.

Un dimanche, Gilbert n'était pas à sa place ordinaire au saint office; les bonnes religieuses furent averties qu'il était tombé gravement malade et que des symptômes de dissolution prochaine se manifestaient en lui. La supérieure prépara bien prudemment Marie-Anne à recevoir la triste nouvelle, et elle la fit accompagner à la demeure du malade. En voyant sa chère enfant, le mourant sourit avec bénignité; il avait été longtemps voyageur sur la terre et, puisqu'il voyait son dernier rejeton planté en bonne terre, il se consolait de ce que le vent de la mort allait renverser sa tente, car il voyait en esprit le séjour des délices où il allait se reposer à jamais dans le sein de Dieu. Il étendit ses mains bénissantes sur son enfant, il l'embrassa avec amour, lui recommanda encore d'être bien vertueuse, et il se sépara d'elle avec courage.

Marie-Anne s'adressa ardemment à Dieu pour obtenir la guérison de son grand-père; mais ses prières ne furent pas exaucées. Dieu voulait dénouer tout à fait ses attaches terrestres, afin qu'elle n'eût plus d'autre appui, sur la terre, que son appui et l'appui des Filles de la Sagesse.

Au bout de quelques jours, le bon vieillard sentit que la vie s'en allait de lui ; il offrit au souverain juge sa mort en expiation des fautes inhérentes à notre nature, fautes dont le plus saint n'est pas exempt. Un sacrement avait ouvert à ce juste les portes du monde, un sacrement devait les clore ; la religion l'avait balancé dans le berceau de la vie, sa main maternelle devait l'endormir encore dans le berceau de la mort. Il redemanda sa bien-aimée pour la faire assister à son dernier acte de religion. Quand elle arriva, le sacrement libérateur rompait peu à peu les attaches de ce bon fidèle ; son âme, à moitié échappée de son corps, était devenue presque visible sur son visage. Un prêtre, à genoux, récitait les litanies de la bonne mort, et les lèvres de Gilbert, doucement agitées, indiquaient suffisamment qu'il suivait les saintes prières.

« Seigneur Jésus, Dieu de bonté, Père de miséricorde, je vous recommande ma dernière heure et ce qui doit la suivre.

» Mes pieds immobiles m'avertissent que ma course en ce monde est près de finir. O miséricordieux Jésus ! ayez pitié de moi.

» Mes mains engourdies et tremblantes ne peuvent plus tenir, contre mon cœur, votre image sacrée ; elles la laissent tomber, malgré moi, sur mon lit de douleur. O miséricordieux Jésus ! ayez pitié de moi.

» Mes yeux obscurcis et troublés par les approches de la mort portent leurs regards tristes et mourants vers vous. O miséricordieux Jésus ! ayez pitié de moi.

» Mes lèvres froides et tremblantes prononcent, pour la dernière fois, votre adorable nom ; mes joues pâles et livides, mes cheveux baignés des sueurs de la mort annoncent ma fin prochaine. O miséricordieux Jésus ! ayez pitié de moi.

» Mes oreilles, près de se fermer pour toujours aux discours des hommes, s'ouvrent pour entendre votre voix prononçant l'arrêt irrévocable qui doit fixer mon sort pour l'éternité. O miséricordieux Jésus ! ayez pitié de moi.

» Quand j'aurai perdu l'usage de tous mes sens, quand le monde entier aura disparu pour moi, et quand je serai dans les oppressions de ma dernière agonie et dans le travail de la mort, ô miséricordieux Jésus ! ayez pitié de moi. »

A ce moment, le ministre sacré, voyant que Gilbert allait rendre son esprit au Seigneur, prononça, en sanglotant lui aussi, cette belle recommandation de l'âme à Dieu :

« Partez de ce monde, âme chrétienne, au nom de Dieu le Père tout-puissant qui vous a créée ; au nom de Jésus-Christ, fils du Dieu vivant, qui a souffert pour vous ; au nom de l'Esprit-Saint qui est descendu sur vous ; au nom des Anges et des Archanges ; au nom des Trônes et des Dominations ; au nom des Principautés et des Puissances ; au nom des Chérubins et des Séraphins ; au nom des Patriarches et des Prophètes ; au nom des saints Apôtres et Évangélistes ; au nom des saints Martyrs et Confesseurs ; au nom des saints Moines et Solitaires ; au nom des saintes Vierges ; au nom de tous les saints et de toutes les saintes de Dieu. Que votre demeure soit aujourd'hui dans la paix, et votre habitation dans la sainte Sion. »

Cependant l'ange de la paix, descendant vers Gilbert, avait touché ses yeux fatigués et il les avait fermés délicieusement à la lumière. On n'avait point entendu son dernier soupir, et longtemps après qu'il n'existait plus, ses parents, ses amis faisaient silence autour de sa couche : ils croyaient qu'il sommeillait encore, tant ce chrétien avait passé avec douceur. — Il avait assez vécu sur la terre ; car, dit avec raison le sage Sénèque : « Dieu traite les hommes bien favorablement, puisque la vie est assez longue à qui en sait bien user. » Or la mort n'avait point surpris Gilbert ; en homme sage, il avait contemplé fréquemment cette porte redoutable de l'éternité, où le genre humain court en foule se précipiter, entraîné par un courant irrésistible, et il avait fait toutes ses actions comme devant incessamment en rendre compte à Dieu. Avant la vieillesse, il avait pensé à bien vivre ; dans la vieillesse, il avait pensé à bien mourir.

Marie-Anne fondait en larmes ; soutenue par une bonne religieuse, elle reprit douloureusement le chemin de la communauté ou, plutôt, elle y fut entraînée.

Le lendemain avaient lieu les funérailles de l'homme de bien qui, pendant sa longue carrière, n'avait étalé aux yeux du monde que d'humbles jours, que des joies passagères et d'obscurs malheurs ; elles étaient bien modestes, et les voûtes de l'église, les autels, les colonnes, les saints ne se retiraient pas sous des voiles funèbres. Marie-Anne était au milieu de la foule, recueillie et muette de chagrin, elle tenait à la main un livre de prières, et ces paroles sur lesquelles elle portait son regard arrachaient de son cœur tantôt des cris de douleur, tantôt des cris d'espérance.

« Le jour qu'ils ont rendu l'esprit, ils retournent à leur terre originelle.

» O mon Dieu ! ne vous souvenez ni des fautes de ma jeunesse ni de mes ignorances.

» O Dieu ! cessez de m'affliger, puisque mes jours ne sont que néant. Qu'est-ce que l'homme pour mériter tant d'égards et pour que vous y attachiez votre cœur ?

» Lorsque vous me chercherez le matin, vous ne me trouverez plus.

» Seigneur, vos jours sont-ils comme les jours des mortels, et vos années éternelles comme les années passagères de l'homme ?

» L'homme né de la femme vit peu de temps, et il est rempli de beaucoup de misère ; il fuit comme une ombre qui ne demeure jamais dans un même état.

» Mes jours sont passés, toutes mes pensées sont évanouies, toutes les espérances de mon cœur sont dissipées... Je dis au sépulcre : vous serez mon père, et aux vers, vous serez ma mère et mes sœurs.

» Mes jours ont décliné comme l'ombre.

» Qu'est-ce que la vie ? une petite vapeur.

» Les morts sont endormis dans la poudre.

» Ils se réveilleront, les uns dans l'éternelle gloire... pour y demeurer à jamais.

» Heureux ceux qui meurent dans le Seigneur ; ils se reposent dès à présent de leurs travaux, car leurs bonnes œuvres les suivent. »

Au lever du cercueil, lorsqu'on entonna le psaume des douleurs et des espérances : « Seigneur, je crie vers vous du fond de l'abîme ; que mes cris parviennent jusqu'à vous... » La pauvre enfant éclata en sanglots. Suspendue au bras de la bonne sœur, elle suivit pourtant le lugubre cortège, jusqu'à la dernière demeure de son grand-père ; et quand le cercueil fut descendu dans la fosse, que ces graves et douloureuses vérités furent prononcées : « Nous rendons la terre à la terre, la cendre à la cendre, la poudre à la poudre, » elle s'avança péniblement, à son tour, jeta quelques gouttes d'eau bénite, image des gouttes de ses nombreuses larmes, puis elle rentra à l'orphelinat après un adieu suprême.

Marie-Anne avait alors un peu plus de onze ans. Sa douleur fut longue, silencieuse, profonde, mais noblement supportée ; car sa foi lui enseignait que Dieu récompense ceux qui passent sur la terre en faisant le bien, et qu'un jour nous nous reverrons au ciel.

CHAPITRE VIII.

PRÉPARATION DE MARIE-ANNE ISQUIN A SA PREMIÈRE COMMUNION.

Son instruction religieuse.

C'est à douze ans, c'est au printemps de l'année, que l'adolescent s'unit à son créateur ; l'âge des tendres communiants et celui de la naissante année confondent leurs jeunesses, leurs harmonies et leurs innocences. Dieu descend dans les âmes de ces enfants pour les féconder, comme il descend, en cette saison, dans le sein de la terre pour lui faire porter ses fleurs et ses richesses. Mais de même que la terre doit être bien cultivée pour donner ces heureux résultats, de même il faut aussi que l'âme des enfants soit bien préparée pour donner des fruits de vie ; et la première préparation est une solide instruction religieuse.

Les Filles de la Sagesse ne manquèrent pas à ce devoir essentiel ; et leur premier soin fut de mettre devant les yeux de Marie-Anne les grands principes de la foi et les vives et pures lumières de l'Évangile. Elles commencèrent par lui faire apprendre le catéchisme dès ses plus tendres années. Le catéchisme ! ce vieux petit livre auquel nous devons, avec le bienfait de notre civilisation, ce qui reste encore autour de nous de mœurs pures, de fermes convictions et de véritable vertu ; cet admirable traité où sont résumées en quelques pages et mises à la portée des plus faibles intelligences, les plus importantes et les plus hautes questions qui aient occupé l'esprit humain ; ce résumé doctrinal qui ne laisse rien ignorer à l'enfant, de son origine et de ses destinées, de ses faiblesses et de ses grandeurs, de ses droits et de ses devoirs ; qui indique clairement le chemin de la sainteté et du salut, tout en fournissant les moyens de le parcourir sans défaillance ou de réparer, s'il y a lieu, la honte et le malheur d'une chute. Ce manuel incomparable de sûre et vraie morale, qui a subi l'épreuve du temps, qui a reçu l'approbation des siècles et dont on ne parviendra pas, quoi qu'on fasse, à accréditer les ineptes et sacrilèges contrefaçons ; ce catéchisme vénérable et populaire qu'ont respecté toutes nos révolutions et qui a forcé l'admiration des ennemis les plus acharnés de notre sainte religion.

En me servant de ces dernières expressions, je

ne dis rien de trop. Voici, en effet, avec quel accent ému par la tendresse paternelle Diderot, un ami de Voltaire, parlait de cet inimitable petit livre : un jour que Beauzée, membre de l'Académie française, était entré dans son cabinet, sans être annoncé, il l'avait trouvé faisant réciter le catéchisme à sa fille, le philosophe, la leçon finie et la jeune enfant renvoyée, voyant la surprise où était son savant visiteur de ce qu'il venait d'entendre, lui dit gravement : « Pour bien élever ma chère petite fille, je n'ai pu trouver, après de longues recherches, de livre comparable au catéchisme diocésain. Oui, ne vous en étonnez pas, je me sers du catéchisme et je le tiens pour le plus sûr traité de pédagogie. Hé ! quel plus solide fondement puis-je donner à l'instruction de mon enfant pour la rendre tout ce qu'elle doit être, fille respectueuse et tendre, digne épouse et digne mère ? Est-il, au fond, puisque nous sommes forcés d'en convenir, une morale qui vaille celle de la religion et qui porte sur des motifs plus puissants ! »

Citons encore ce témoignage mémorable de Jouffroy, ce brillant professeur de philosophie, ce penseur éminent qui a eu le malheur de sacrifier à l'orgueil de sa raison la foi et la paix de ses jeunes années : « Il y a un petit livre qu'on fait apprendre aux enfants et sur lequel on les interroge à l'église. Lisez ce petit livre qui est le catéchisme, vous y trouverez une solution à toutes les questions que j'ai posées, à toutes sans exception. Demandez au chrétien d'où vient l'espèce humaine, il le sait ; demandez à ce pauvre enfant pourquoi il est ici-bas et ce qu'il deviendra après la mort ; il vous fera une réponse sublime. Demandez-lui comment le monde a été créé et à quelle fin, pourquoi les hommes souffrent, pourquoi ils se battent, et comment tout cela finira ; il le sait. Origine du monde, question des races, destinée de l'homme en ce monde et en l'autre, rapports de l'homme avec Dieu, devoirs de l'homme envers ses semblables, il n'ignore de rien ; et, quand il sera grand, il n'hésitera pas davantage sur le droit naturel, sur le droit politique, sur le droit des gens, car tout cela découle avec clarté du catéchisme. »

Quand Marie-Anne fut un peu plus âgée et plus rapprochée de l'époque de sa première communion, les bonnes sœurs étendirent l'horizon de ses connaissances religieuses et elles lui firent embrasser des résultats plus complets, en lui faisant suivre un cours d'instruction sur l'Ancien et le Nouveau Testament ; voici, du reste, l'abrégé de leur enseignement.

C'est Dieu même qui nous a révélé la religion, et elle est aussi ancienne que le monde. Après l'avoir enseignée à nos premiers parents, Dieu en confia le dépôt aux familles patriarcales. Leur longévité, leur prospérité, leur union n'avaient d'autre but que de garder intacte, à travers les siècles, la notion d'un Dieu unique, et le culte d'adoration qui lui est dû. Cette notion et ce culte s'étant altérés parmi les nations païennes, le Seigneur se choisit le peuple juif qui se glorifie, à juste titre, d'avoir reçu de Moïse et de ses continuateurs des livres sacrés qu'on appelle *Ancien Testament*. Ces livres sont comme ses archives, où tous ses actes sont rédigés ; ce sont ses lois, sa morale, sa religion, son histoire. On y voit la création du ciel et de la terre, celle de l'homme en particulier, le bonheur de son premier état, sa désobéissance et la corruption du monde, le déluge, l'origine des nations, la manière dont les peuples se sont partagés : toutes choses dont les histoires profanes ne parlent qu'avec incertitude et confusion. Ces livres, il les a conservés avec tant de soin, qu'il aurait cru commettre une impiété s'il y avait changé une seule lettre ; il aurait été même impossible de le faire, car il n'y avait pas une lettre qui n'eût été comptée. Et ce peuple a toujours considéré les auteurs de ces livres comme divins et inspirés, car il a vu les prodiges opérés par Moïse, son premier chef ; plus tard, il a vu les miracles arrivés au temps de Josué, d'Élie et d'Isaïe ; il a admiré la vie sainte et retirée de ses prophètes ; la plupart de leurs prophéties s'accomplissaient peu de temps après avoir été publiées ; ce qui arrivait tous les jours donnait de la confiance pour les prédictions éloignées. Le présent assurait l'avenir.

Les circonstances de la vie de Jésus-Christ ont été annoncées par plusieurs prophètes, et Daniel, particulièrement, prédit le temps fixe de la venue du Sauveur du monde, la ruine du temple de Jérusalem après sa mort, et la dispersion entière des Juifs. Ce qui reste encore de cette nation est une preuve incontestable, aux yeux de toute la terre, de l'accomplissement de l'oracle divin ; et ces livres sacrés, qu'elle conserve elle-même, la déshonorent et la confondent.

L'Ancien Testament conduit au Nouveau. « Ces deux Testaments, dit Pascal, regardent Jésus-Christ, l'Ancien comme son attente, le Nouveau comme son modèle, tous deux comme leur centre. ». A la grandeur des préparations prophétiques s'unit l'éclat des prodiges : les vrais oracles, depuis quelque temps muets dans Jérusalem, recouvrent la voix, et les fausses sibylles se taisent. Une nouvelle étoile se montre dans l'Orient, Gabriel descend vers Marie, et un chœur d'esprits bienheureux chante au haut du ciel, pendant la nuit : « Gloire à Dieu, paix aux hommes. » Tout à coup, le bruit se répand que le Sauveur a vu le jour dans la Judée : il n'est point né dans la pourpre, mais dans l'asile de l'indigence ; il n'a point été annoncé aux grands et aux superbes, mais les anges l'ont révélé aux petits et aux simples ; il n'a pas réuni autour de son berceau les heureux du monde, mais les infortunés ; et, par ce premier acte de sa vie, il s'est déclaré de préférence le Dieu des misérables. Il a vécu parmi les hommes et les a enseignés. Ses miracles, sa résurrection et son ascension, preuves évidentes de sa divinité, nous sont attestés par des témoins oculaires qui les ont confirmés par d'autres miracles et scellés par l'effusion de leur sang. Les Évangélistes nous ont laissé par écrit sa vie et ses dogmes. Les miracles de Jésus-Christ et de ses disciples sont décrits avec la plus grande exactitude, marqués de toutes les circonstances de lieux, de temps et de personnes : ils ont été publiés partout, rien n'a été mieux attesté, rien n'a été plus sévèrement examiné, rien n'est donc plus certain. Aussi, une même foi réunit tous les peuples et toutes les conditions ; une nouvelle lumière éclaire tout l'univers. Et cette religion sainte fait le vrai bonheur de l'homme et sa solide gloire. La vue de la béatitude future le met au-dessus de ces biens frivoles du monde, qui entraînent avec eux tant d'agitations et de traverses. Dans les peines et les afflictions inséparables de l'humanité, cette religion le console et le fortifie. Enfin, le véritable chrétien jouit du plus agréable de tous les biens de la terre : de la joie d'une conscience pure et d'une vertu respectée même de ceux qui en ont le moins.

Après cet enseignement, les Filles de la Sagesse démontrèrent à Marie-Anne, comme elles le font encore à leurs élèves, que toutes ces vérités sont hors de doute parce qu'une multitude innombrable de témoins dignes de foi nous les ont assurées, parce que des monuments de toutes sortes nous en perpétuent le souvenir et parce que le récit en a été fixé par l'Écriture.

C'est bien le cas d'entendre ici le raisonnement d'un des premiers géomètres qui aient jamais paru et qui a été le premier de tous dans le XVIIIe siècle :

« Toutes les vérités qui sont à la portée de

notre connaissance se rapportent à trois classes essentiellement distinguées. La première renferme les vérités des sens ; la deuxième, les vérités de l'entendement ; la troisième, les vérités de la foi. Chacune de ces classes demande des preuves particulières pour nous prouver les vérités qui y appartiennent, et c'est de ces trois classes que toutes nos connaissances tirent leur origine.

» Les preuves de la première classe se réduisent à nos sens, quand je puis dire : cette chose est vraie, puisque je l'ai vue ou que j'en suis convaincu par mes sens. C'est ainsi que je connais que l'aimant attire le fer, puisque je le vois et que l'expérience me le prouve indubitablement. De telles vérités sont nommées sensibles et sont fondées sur nos sens ou sur l'expérience.

» Les preuves de la deuxième classe sont renfermées dans le raisonnement, quand je puis dire : cette chose est vraie, puisque je puis la démontrer par un raisonnement juste ou par des syllogismes légitimes... C'est ainsi que nous connaissons que les trois angles d'un triangle rectiligne font ensemble autant que deux angles droits... De telles vérités sont nommées intellectuelles, et c'est ici qu'il faut ranger toutes les vérités de la géométrie et des autres sciences, en tant qu'on est en état de les prouver par des démonstrations.

» Je passe à la troisième classe de vérités, celles de la foi, que nous croyons parce que des personnes dignes de foi nous les rapportent, ou quand nous pouvons dire : cette chose est vraie, puisqu'une ou plusieurs personnes dignes de foi nous l'ont assurée. Cette classe renferme donc toutes les vérités historiques. Nous croyons sans doute qu'il y eut autrefois un roi de Macédoine, nommé Alexandre le Grand, qui s'est rendu maître du royaume de Perse, quoique nous ne l'ayons point vu, et que nous ne puissions pas démontrer géométriquement que cet homme ait existé sur la terre. Nous le croyons sur le rapport des auteurs qui ont écrit son histoire, et nous ne doutons pas de leur fidélité. Mais ne serait-il pas possible que tous ces auteurs eussent fait le complot de nous tromper? Nous avons raison de mépriser cette objection, et nous sommes aussi convaincus de la vérité de ces faits que des vérités de la première et de la deuxième classe.

» Il faut donc, pour les vérités de chacune de ces trois classes, se contenter des preuves qui conviennent à leur nature, et il serait ridicule de vouloir exiger une démonstration géométrique des vérités d'expérience ou historiques. C'est ordinairement le défaut des esprits forts et de ceux qui abusent de leur pénétration dans les vérités intellectuelles, de prétendre des démonstrations géométriques pour prouver toutes les vérités de la religion, qui appartiennent en grande partie à la troisième classe. »

Et quels témoins ont attesté les vérités religieuses dont nous parlons ! « Je crois volontiers, dit Pascal, les histoires dont les témoins se font égorger. » — Puissions-nous donc sentir toute la vérité de ces paroles de d'Aguesseau à son fils : « Quiconque a bien médité toutes les preuves de la religion trouve qu'il est non seulement plus sûr, mais plus facile de croire que de ne pas croire, et rend grâces à Dieu d'avoir bien voulu que la plus importante de toutes les vérités fût aussi la plus certaine, et qu'il ne fût pas plus possible de douter de la vérité de la religion chrétienne qu'il l'est de douter s'il y a eu un César ou un Alexandre. »

« Du reste, a dit Bayle, la révolution opérée par l'Évangile est un mystère à donner des frissons, à briser notre corps et notre âme. Prêché par des gens sans nom, sans étude, sans éloquence, cruellement persécutés et destitués de tous les appuis humains, il ne laissa pas de s'établir en peu de temps, par toute la terre. C'est un fait que personne ne peut nier, et qui prouve que c'est l'ouvrage de Dieu. »

Enfin, si la morale la plus pure et le cœur le plus tendre, si une vie passée à combattre l'erreur et à soulager les maux des hommes sont les attributs de la divinité, qui peut nier celle de Jésus-Christ ? Modèle de toutes les vertus, l'amitié le voit endormi sur le sein de Jean, ou léguant sa mère à ce disciple chéri ; la tolérance l'admire avec attendrissement, dans le jugement de la femme adultère ; partout la pitié le trouve bénissant les pleurs de l'infortuné ; dans son amour pour les enfants, son innocence et sa candeur se décèlent ; la force de son âme brille au milieu des tourments de la croix ; et son dernier soupir, dans les angoisses de la mort, est un soupir de miséricorde.

Marie-Anne étudia toutes ces vérités de la religion, non seulement dans leurs simples éléments, mais dans une lumière progressive ; et elle avança rapidement dans cette science sacrée, grâce à son intelligence, à son application et surtout aux dispositions de son cœur. Aussi retira-t-elle un grand avantage de cette étude. Sa piété devint plus profonde et plus solide, car l'homme aime naturellement le beau, le bien et le vrai ; et plus la religion lui paraît belle, aimable, vraie, plus il s'attache à elle. D'après ce principe, plus Marie-Anne s'éloignait de la plaine de l'ignorance, plus elle montait les degrés lumineux de cette montagne sainte dont le sommet est au ciel, et plus son âme se rivait à la vérité : plus elle voyait de beautés, plus elle s'attachait ; plus elle sentait Dieu, plus elle adhérait à lui ; et son esprit et son cœur contractaient dans cette ascension de si saintes habitudes, que sa séparation d'avec Dieu lui devint, toute sa vie, de plus en plus difficile. En un mot, elle aima d'autant plus Dieu qu'elle sut davantage : « Car, chez les âmes bien disposées, dit saint Grégoire le Grand, le degré de la connaissance est aussi le degré de l'amour ; et là où il y a moins de connaissance, il y a moins d'amour. »

CHAPITRE IX.

PRÉPARATION DE MARIE-ANNE ISQUIN A SA PREMIÈRE COMMUNION (suite).

Piété. — Fuite des petites fautes. — Examen de conscience.

Retirée dans son pieux asile, comme au fond d'une baie toujours calme, Marie-Anne comprenait, après tant de malheurs, toutes les vanités des choses de la vie, et, étant à l'abri des orages du monde, elle ignorait les passions qui troublent l'âme et le vice qui corrompt le cœur. Aussi, entraînée vers le bien par une pente douce et naturelle, ses actions innocentes et pures étaient semblables à ces couches de neige qui s'entassent les unes sur les autres, ajoutant la pureté à la pureté et la blancheur à la blancheur.

Plus elle approchait de sa première communion, et plus elle se faisait remarquer par sa tendre piété: cette piété était chez elle un sentiment intérieur, un sentiment d'amour, un mouvement de l'intelligence et du cœur qui l'unissait à Dieu, qui perfectionnait sa nature tout entière et lui donnait une facilité merveilleuse pour accomplir avec joie et promptitude tous ses devoirs de la vie chrétienne et sociale. Cette vraie piété était une fleur exquise, cachée dans le parterre le plus mystérieux de son âme, et dont le parfum est si délicat, que les anges le dirigent presque tout entier vers les régions du ciel. « Si la vertu, dit saint François de Sales, est une plante, la piété en est la fleur ; si elle est une pierre précieuse, la piété en est l'éclat ; si elle est un baume, la piété en est l'odeur, et l'odeur de suavité qui conforte les hommes et réjouit les anges. »

Pauvre jeunesse ! pourquoi n'es-tu pas vertueuse ? pourquoi tous les efforts tentés par la plus affectueuse sollicitude viennent-ils si fréquemment à échouer ? C'est que tu ne connais pas assez les charmes de la piété, les délices de l'amour de Dieu. Trop souvent on offre à ton cœur avide d'expansion et d'amour une tige sèche et aride, celle du devoir, et tu la repousses ; la philosophie te présentera de belles spéculations sur la vertu, de magnifiques tableaux qui raviront ton intelligence ; et cependant, dans la pratique, ton cœur sera froid, et, en face du péril, il ne trouvera en lui-même qu'une désolante faiblesse : tel a toujours été, tel sera toujours le résultat des combinaisons de la sagesse humaine ! Tant il est vrai que, pour enseigner la vertu, il n'y a qu'un moyen, c'est d'enseigner la piété. On pourra citer des exceptions dans la pratique des vertus humaines ; mais les exceptions elles-mêmes ne feraient que confirmer la règle.

La piété de Marie-Anne la rendait fidèle aux plus petites grâces de Dieu : une bonne pensée, un saint désir, une lecture instructive, un exemple édifiant, une touchante prédication, un pieux cantique faisaient germer en elle les vertus les plus aimables ; d'autre part, ses actes d'obéissance, son assiduité à l'étude, ses contrariétés, ses chagrins, ses indispositions, le souvenir de ses deuils si cruels, lui donnaient l'occasion de s'immoler sans cesse à Dieu. Ainsi, chez elle, il y avait une heureuse réciprocité de cause et d'effet : la fidélité de son âme à la grâce multipliait en elle les grâces, et la multiplicité des grâces augmentait sa fidélité à y répondre. Lancée dans la carrière sainte et munie des bénédictions divines, elle courait de vertus en vertus et de grâces en grâces.

De là, cette heureuse conséquence : sa conscience sagement timorée lui faisait craindre constamment de se laisser aller à une faute **même** légère ; parce qu'elle savait que la délicatesse de la conscience n'est pas seulement la racine de la vertu, mais qu'elle en est aussi la fleur, et une fleur qui ressemble à la sensitive, on ne peut la toucher sans la flétrir. Elle savait enfin qu'un seul péché véniel auquel elle n'aurait pas fait attention, qu'un seul défaut qu'elle aurait négligé, qu'une seule petite passion qu'elle aurait affectée de croire sans culpabilité, lui aurait fait perdre cette fleur de l'innocence, cette pudeur du péché qui en est le frein le plus sûr.

> C'est que l'âme de l'homme est une onde limpide
> Dont l'azur se ternit à tout vent qui la ride.

Marie-Anne évitait encore les petites fautes parce qu'elles conduisent aux grandes. Les grands pécheurs n'ont pas commencé par des excès ; la première pensée à laquelle ils se sont arrêtés indiscrètement, le premier désir qu'ils n'ont pas étouffé, le premier regard qu'ils n'ont pas réprimé, la première parole libre qu'ils ont entendue sans répugnance : voilà la première cause de leurs désordres. Celui qui a vu des inondations, sait ce qui arrive alors : l'eau s'insinue d'abord goutte à goutte dans les interstices de la digue, puis elle pousse çà et là des jets menaçants, puis tout à coup une partie de la digue cède, le flot passe, c'est fini ! Aucun effort humain ne peut plus s'opposer au désastre : tout est emporté et submergé.

Elle s'efforçait enfin d'éviter les moindres imperfections parce qu'elle avait cette foi inébranlable puisée dans la doctrine de l'Église catholique, que Dieu punit même les taches les plus légères : vérité, du reste, que la philosophie païenne elle-même a entrevue : « Des hommes peu réfléchis, a dit un de leurs sages, affirment que c'est faire injure à Dieu de croire qu'il punit les hommes pour de légères négligences ; mais quand nous voyons le soin que le créateur a pris des petites choses, de quelle façon il a perfectionné les plus petits animaux, la variété qu'il a répandue parmi eux, celle des fleurs et des coquillages mêmes, nous reconnaissons là une puissance attentive aux moindres choses, et nous croyons que cette même attention s'étend sur les moindres actions des hommes. »

Pour arriver à ce haut degré de perfection, Marie-Anne passait sans doute par quelques petits crucifiements transitoires ; mais elle conservait la joie et la paix de son âme, ces deux compagnes naturelles de la vertu. « Quand on sert bien Dieu, dit saint Thomas, les causes de joie finissent par nous environner de toutes parts. L'âme juste a en elle-même une source toujours renouvelée de plaisirs nobles, élevés, divins ; et cette source ne tarit jamais, elle devient tous les jours plus fraîche, parce que les saints ont leurs fêtes intérieures qui se célèbrent par la joie de l'esprit.

Il y a trois choses en ce monde : Dieu, l'âme et les autres créatures. L'âme doit être soumise à Dieu, dominer le reste par la force de la vertu, et avoir avec les créatures les relations déterminées par l'éternelle sagesse : voilà le vrai règne de la paix. Au commencement, les choses étaient ainsi réglées, et, dans la soumission à Dieu, l'homme trouvait une paix ineffable et un contentement délicieux, puis la disposition la plus parfaite de l'intelligence et du cœur dans ses rapports avec les créatures.

Le péché détruit ce règne de Dieu dans l'âme, et, dès lors, il y a malgré nous souffrance, angoisses et malaise indéfinissable dans les parties élevées de notre être. « La paix, a dit saint Augustin, c'est la tranquillité de l'ordre. Mais le péché, en mettant le désordre dans notre âme, en voulant nous arracher à l'empire incontesté de Dieu, produit par là même le trouble, l'agitation et la torture d'un être qui n'est plus à sa place. Il n'y a plus de paix parce qu'il n'y a plus d'ordre, et il n'y a plus d'ordre parce qu'il n'y a plus de soumission à Dieu.

L'iniquité est donc la mère de l'inquiétude et du remords. Ah! sans doute, elle a le pouvoir de tromper les hommes, de leur servir des bouquets de fleurs et des mets préparés avec toute la perfidie d'un art séducteur; mais cette nourriture n'en est pas moins un poison, et quand elle pénètre dans les entrailles, elle y sème les germes de la douleur et des plus amères tribulations.

Quand le soir de la journée était arrivé, les pieuses Filles de la Sagesse réunissaient toutes leurs orphelines pour faire la prière en commun, et alors se réalisait cette parole de Jésus : « Là où se trouvent plusieurs personnes rassemblées en mon nom, je suis au milieu d'elles. » Rien sans doute n'était plus agréable au Seigneur que ce concert de voix qui s'élevait de la bouche de ces personnes d'élite; la piété ardente des unes réchauffait la tiédeur des autres; on y recevait et on y donnait l'édification, et la bonté divine daignait même recevoir, comme un supplément de ce qui manquait aux prières les moins ferventes, ce que les autres avaient de plus vif et de plus animé.

Venait ensuite le repos de la nuit; mais Marie-Anne ne le prenait jamais, selon le conseil de ses bonnes maîtresses, sans avoir fait le petit examen de toute la journée qui venait de s'écouler; et elle conserva pendant sa vie entière cette salutaire pratique. Avant donc de s'endormir, elle se recueillait, elle analysait sa journée, ses pensées, ses désirs, ses actions; elle louait, elle blâmait, elle corrigeait, et, comme un habile négociant, elle faisait le compte de ses pertes et de ses gains.

Ne croyons pas que cette pratique de l'examen du soir appartienne aux esprits étroits : c'est un usage de raison et de sage philosophie, comme, du reste, toutes les pratiques d'une dévotion bien éclairée. Les païens feraient, sur ce sujet, la leçon à bien des chrétiens. Écoutons Pythagore : « Ne permets pas au sommeil de te fermer les yeux avant d'avoir examiné chaque action de ta journée. En quoi ai-je manqué? Qu'ai-je fait? Quel devoir ai-je oublié? Commence par la première de tes actions et parcours ainsi toutes les autres; ensuite reproche-toi ce que tu as fait de mal, et réjouis-toi de ce que tu as fait de bien. » — « Quoi de plus beau, dit Sénèque, que cette habitude de faire l'enquête de toute la journée! Quel sommeil que celui qui succède à cette revue de ses actions!

Qu'il est calme, profond et libre, quand l'âme a reçu sa part d'éloge ou de blâme et que, soumise à son propre contrôle, à sa propre censure, elle fait secrètement le procès de sa conduite ! Pour moi, j'ai pris cette autorité sur moi-même, et, tous les jours, je me cite devant le tribunal de ma conscience. Dès que la lumière est retirée, je discute ma journée tout entière, je pèse de nouveau mes actes et mes paroles, je ne me dissimule rien, je ne me passe rien. »

Prenons, nous aussi, cette sage habitude de l'examen du soir : tout y gagnera en nous, la raison et la piété ; une douce sérénité se répandra autour de notre âme, et nous nous endormirons dans une paix tout angélique. Si, au contraire, nous ne nous soumettons pas à cette si salutaire pratique, nous ne verrons, dans le cours de notre vie, que nos prétendues vertus, bien rarement nos défauts, et la conséquence sera que nous ne perfectionnerons point notre vie, car nous ne nous connaîtrons pas nous-mêmes, affaire pourtant bien importante mais bien rare. On demandait, un jour, à Diogène quelle était la chose la plus difficile de toutes : « Se connaître soi-même, répondit le philosophe ; car, à cause de l'amour qu'on a pour soi, chacun s'attribue une foule de qualités et ferme les yeux sur ses défauts. » Cette parole a fait dire à l'un de nos poètes :

> Connais-toi toi-même est un mot
> Où toute la sagesse abonde,
> Mais qui n'est pas pour tout le monde ;
> Ce n'est pas l'affaire d'un sot.
> Il n'appartient même peut-être
> Qu'à des Socrates, qu'à des gens
> D'un esprit droit et d'un grand sens
> De parvenir à se connaître.

CHAPITRE X.

PREMIÈRE COMMUNION DE MARIE-ANNE ISQUIN.

Ce fut un spectacle bien édifiant de voir, au jour de sa première communion, Marie-Anne sentir s'éveiller en elle les idées les plus sublimes de la piété; comprendre, en entrant dans le temple saint, que ses regards tombaient sur la maison du recueillement et de la prière; parcourir cette enceinte sacrée dans toute son étendue, comme si elle venait de franchir les barrières du monde et être transportée dans un lieu inaccessible aux embarras du siècle présent et aux agitations de la vie humaine. Tous ses sens étaient recueillis et son esprit calme; elle se repliait sur elle-même pour ne plus s'occuper que de son âme et de son Dieu. Il fut facile alors d'apprécier ce langage d'un écrivain du dernier siècle : « Le temple n'est pas précisément pour l'éternel, il est pour nous faibles humains : rien n'est plus consolant pour les hommes qu'un lieu où ils trouvent la divinité plus présente, et où tous ensemble ils font parler leur faiblesse et leurs misères. »

Les cloches avaient appelé dans l'église de Montargis la troupe des fidèles, le sanctuaire rayonnait de feux, et un peuple immense était déjà recueilli devant les saints autels, quand les jeunes communiantes vêtues de robes blanches, une couronne sur la tête, s'avancèrent dans le sanctuaire en chantant de doux cantiques. Les parents les suivaient, mais la première était seule. On admirait cependant sa jolie figure toute resplendissante de l'amour de Notre-Seigneur, de cet amour naïf, délicat, confiant, plein de charmes, dont le cœur de Dieu doit être touché, puisque le cœur froid de l'homme en est lui-même ému : c'était la jeune orpheline.

Lorsque tous les enfants furent à leur place, un prêtre vint aux pieds de l'autel, et il commença ce dialogue qui ouvre le saint sacrifice de la messe :

V. Je m'approcherai de l'autel de Dieu.

R. Du Dieu qui réjouit ma jeunesse.

V. Faites luire, Seigneur, votre lumière et votre vérité ; elles m'ont conduit dans vos tabernacles et sur votre montagne sainte.

R. Je m'approcherai de l'autel de Dieu...

V. Je chanterai vos louanges sur la harpe, ô Seigneur ! Mais, ô mon âme, d'où vient ta tristesse et pourquoi me troubles-tu ?

A ces paroles, le souvenir de tous ses malheurs fit passer dans l'esprit de la pauvre orpheline une ombre de douleur immense. Mais à ces autres :

R. Espérez en Dieu ; car je lui rendrai encore mes actions de grâces ; il est mon Sauveur et mon Dieu.

V. Notre Secours est dans le nom du Seigneur.

R. Qui a fait le ciel et la terre.

Elle leva les yeux vers le saint tabernacle pour ne plus penser qu'à son Jésus. C'est que, quand l'âme est dans le ciel, le corps ne sent pas la pesanteur des chaînes ; elle emporte avec soi tout l'homme.

Vint la consécration où le grand mystère eucharistique s'accomplit. Nul pinceau ne saurait mieux peindre cet instant sublime où Marie-Anne se prosterna abîmée dans l'amour de son Dieu, s'unissant au prêtre pour adorer le corps de Jésus-Christ réellement présent sur l'autel, que ces admirables vers qui sont, d'après La Harpe, des plus beaux de la langue française :

> Il (le prêtre) dit, et prépara l'auguste sacrifice.
> Tantôt ses bras tendus montraient le ciel propice ;
> Tantôt il adorait, humblement incliné.
> O moment solennel ! ce peuple prosterné,
> Ce temple dont la mousse a couvert les portiques,
> Ses vieux murs, son jour sombre et ses vitraux gothi-
> Cette lampe d'airain qui, dans l'antiquité,   [ques.
> Luit devant le Très-Haut, jour et nuit suspendue ;
> La majesté d'un Dieu parmi nous descendue,
> Les pleurs, les vœux, l'encens qui monte vers l'autel,
> Et de jeunes beautés qui, sous l'œil maternel,
> Adoucissent encor par leur voix innocente
> De la religion la pompe attendrissante ;
> Cet orgue qui se tait, ce silence pieux,
> L'invisible union de la terre et des cieux.
> Tout enflamme, agrandit, émeut l'homme sensible :
> Il croit avoir franchi ce monde inaccessible,
> Où sur des harpes d'or l'immortel Séraphin
> Aux pieds de Jéhovah chante l'hymne sans fin.
> Alors, de toutes parts, un Dieu se fait entendre ;
> Il se cache au savant, se révèle au cœur tendre.
> Il doit moins se prouver qu'il ne doit se sentir.

Marie-Anne, humblement agenouillée, répétait, dans le secret de son cœur, ce doux acte de foi : « O mon âme, bénissez aussi, rendez grâces, priez, offrez avec le prêtre ; unissez-vous à son invocation, à sa prière ! Il est ainsi, ô mon Dieu, je le crois, car vous l'avez dit vous-même de votre bouche sacrée : « Prenez, ceci est mon corps ; buvez, ceci est mon sang. » Seigneur, je le crois. Rien n'est plus vrai que les paroles de la vérité même. Je le crois, et malgré ce que mes sens peuvent me dire, la foi en votre parole suffit à mon esprit et à mon cœur. » Et, en disant ces paroles, elle était tout enflammée de l'amour divin et comme en extase. Ah ! c'est qu'en effet, comme l'a dit le poète que nous venons de citer :

> Dieu se cache au savant, se révèle au cœur tendre ;
> Il doit moins se prouver qu'il ne doit se sentir.

Enfin Marie-Anne, le cœur brûlant du plus pur amour, les yeux tout humides des larmes de sa joie, s'avança, couronnée des lis de la pureté, au pied de la table sainte, et le froment des anges fut déposé sur sa langue innocente qu'aucune parole coupable n'avait encore souillée.

Que se passa-t-il en ce moment dans cette âme si fervente et si pieuse ? Nous ne saurions le dire ; mais nous pouvons en juger en faisant connaître ce dont nous avons été les témoins ravis, toutes les fois que nous avons vu notre vénérable mère s'approcher de la table sainte. Elle vivait alors en Dieu seul ; elle échappait à la terre ; elle se séparait de tout ce qui la touchait ici-bas pour aller chercher, dans une communication anticipée avec le créateur, ce rafraîchissement céleste dont l'âme souffrante et aimante a besoin pour reprendre les forces de souffrir et d'aimer toujours davantage. Ce que Dieu disait à sa belle âme, Dieu seul le sait. Ce qu'elle disait à Dieu, nous le savons à peu près comme elle. C'étaient des retours pleins de sincérité et de componction sur les légères fautes qu'elle avait pu ou cru commettre dans l'accomplissement de ses devoirs ; des reproches intérieurs qu'elle se faisait à elle-même pour s'encourager à mieux correspondre aux grâces divines de sa situation ; des remerciements passionnés à la providence, pour quelques-uns de ces petits bonheurs qui lui étaient arrivés. Tout cela entassé dans son cœur comme les prémices sur l'autel, et allumé au feu de son pieux enthousiasme, s'exhalant en regards, en soupirs, en quelques gestes inaperçus et en quelques pieuses prières discrètement murmurées. Quand elle sortait du sanctuaire, ses yeux étaient mouillés, son visage plus serein et plus apaisé encore qu'à l'ordinaire ; son sourire perpétuel sur ses gracieuses lèvres avait quelque chose de plus tendre et de plus aimable encore. On eût dit qu'elle avait déposé un fardeau d'adoration et d'amour, et qu'elle marchait plus légèrement à ses devoirs, le reste de la journée.

Il ne sera jamais donné à ceux qui ne reçoivent pas la sainte communion, avec les pieuses dispositions de Marie-Anne, de s'imaginer les douces émotions et les salutaires effets de cet adorable sacrement : entre l'âme et Dieu, c'est un secret d'amour que Voltaire lui-même, qu'on ne soupçonnera pas d'être dévot, a reconnu et qu'il a cherché à nous dévoiler : « Voilà donc des hommes, dit-il, qui reçoivent Dieu dans eux, au milieu d'une cérémonie auguste, à la lueur de cent cierges, après une musique qui a enchanté leurs sens, au pied d'un autel brillant d'or. L'imagination est subjuguée, l'âme saisie et attendrie ; on respire à peine, on est détaché de tout bien terrestre, on est uni avec Dieu, il est dans notre chair et dans notre sang. Qui osera, qui pourra commettre, après cela, une seule faute, en concevoir seulement la pensée ! Il était impossible, sans doute, d'imaginer un mystère qui retînt plus fortement les hommes dans la vertu. »

CHAPITRE XI.

BELLE SIMPLICITÉ DE MARIE-ANNE ISQUIN, DANS SA FCI ET DANS SES RELATIONS AVEC LE PROCHAIN.

Soin qu'elle prit d'éviter les vices opposés à cette belle vertu.

Depuis sa première communion jusqu'à l'âge de dix-huit ans, époque de sa sortie de l'orphelinat, Marie-Anne s'appliqua à enrichir son esprit du riche trésor des sciences qui conviennent aux devoirs délicats et aux vrais intérêts d'une jeune fille, et elle orna son cœur de toutes ces douces vertus qui la faisaient considérer comme le plus bel ornement de la sainte maison où elle se trouvait. Toutefois, elle fuyait l'éclat avec un soin extrême et elle passait, sans faire de bruit, à la manière d'une étoile silencieuse qui suit sa marche à travers les nuages. Ses goûts, ses habitudes, ses pratiques de dévotion paraissaient ne se pas distinguer des goûts, des habitudes et des pratiques de dévotion de ses compagnes; mais ses clairvoyantes maîtresses considéraient attentivement en elle la simplicité de la colombe et la pureté du lis, vertus admirables qui font arriver vite et sûrement au sommet de la perfection.

Jésus a dit : « Si votre œil est simple, tout votre corps sera dans la lumière. » Et, quand Dieu voulut caractériser la haute sainteté de Job, il lui donna le beau nom de simplicité : « As-tu remarqué mon serviteur Job, dit-il à Satan ? il n'est pas d'homme comme lui sur la terre, *simple*, droit, craignant Dieu et éloigné du mal. » Enfin le Sage nous avertit que ceux qui cherchent le Seigneur doivent posséder cette vertu : « Cherchez le Seigneur avec un cœur simple. »

Chez la jeune orpheline, cette belle simplicité dont parle la sainte Écriture était accompagnée de trois grâces inséparables. L'attention, qui lui apprenait non seulement à écouter avec fruit, mais encore à ne rien hasarder et à ne rien avancer dont elle ne fût bien sûre de rendre bon compte. La modestie, qui la rendait circonspecte sur le ton de voix, sur le choix des termes, sur le moment où elle devait parler. Le respect, qui la portait à avoir des égards à l'âge, à la dignité, à l'intelligence des personnes avec lesquelles elle avait à vivre ; mais surtout à avoir une soumission profonde à la foi et à la loi divines. « Tout obéit nécessairement à Dieu, se disait-elle, le soleil ne forme nos jours que par ses ordres ; la mer, tout impétueuse qu'elle se montre ; le feu, tout ardent qu'il est, et les plus violentes tempêtes obéissent à sa voix. » Et moi, également, je lui dois une obéissance sans bornes, une foi sans limites, car il est écrit : « Malheur à l'homme qui dispute contre celui qui l'a créé, lui qui n'est qu'un peu d'argile et qu'un vase de terre. L'argile dit-elle au potier : qu'avez-vous fait, votre ouvrage n'a rien d'une main savante ? »

Il est à remarquer que le degré de notre perfection devant Dieu dépend d'abord et avant tout de notre degré de foi, car la perfection du christianisme consiste essentiellement dans les relations intimes que l'âme entretient avec le premier, le plus parfait, le plus aimable des êtres. De là cette parole de saint Paul : « Sans la foi, il est impossible de plaire à Dieu. » C'est donc la foi qui ouvre la porte du ciel ; mais ce n'est pas la foi faible, languissante, incertaine, toujours voisine du doute, qu'ébranlent les difficultés de l'incrédulité, que déconcertent les railleries du libertinage. C'est la foi ferme qui ne connaît pas d'objections ; la foi constante qui n'éprouve point de variations ; la foi courageuse qui brave les contradictions ; la foi généreuse qui dédaigne les vaines considérations du respect humain. Ce n'est pas la foi superbe qui ose interroger Dieu, lui demander compte de ses vues, qui établit des distinctions entre les vérités révélées, consentant à adopter celles dont elle voit la vérité, se permettant des difficultés sur celles qu'elle ne comprend pas. C'est une foi humble et simple, pénétrée de la véracité divine et de la faiblesse humaine, qui se soumet avec une égale sincérité et aux dogmes qui lui sont clairement manifestés et à ceux qui sont au-dessus de sa portée ; admirant les uns, respectant les autres ; éclairée dans ses motifs, mais ne se prermettant aucun raisonnement sur ses objets. « Ne cherchez point ce qui est au-dessus de vous, est-il dit dans la sainte Écriture, et ne tâchez point de pénétrer ce qui surpasse vos forces ; mais pensez toujours à ce que Dieu vous a commandé et n'examinez point avec curiosité ses divers ouvrages; car il vous a montré beaucoup de choses qui sont au-dessus de l'esprit de l'homme.

> Loin de rien décider de cet être suprême,
> Gardons en l'adorant un silence profond.
> Sa nature est immense, et l'esprit s'y confond,
> Pour savoir ce qu'il est il faut être lui-même.

Appuyée sur ces sages principes, Marie-Anne fut,

toute sa vie, semblable à un homme prudent qui a bâti sa maison sur la pierre. « La pluie est tombée, les fleuves se sont débordés, les vents ont soufflé, et sont venus fondre sur cette maison ; et elle n'est point tombée, parce qu'elle était fondée sur la pierre. »

Elle se fit aussi distinguer par son admirable simplicité dans ses rapports avec le prochain. « Bien loin d'être simples, dit Fénelon, la plupart des chrétiens ne sont pas sincères : ils sont non seulement composés, mais faux et dissimulés avec le prochain, avec Dieu et avec eux-mêmes : mille petits détours, mille inventions pour donner indirectement des contorsions à la vérité. » Telle n'était pas la pieuse fille. Elle avait une de ces natures droites et sincères que l'on aime d'autant plus à rencontrer dans la vie, qu'elles ne sont pas très communes, et qu'il existe ordinairement dans les relations humaines quelque arrière-pensée, quelque soupçon de ruse et d'artifice. « Où sont les cœurs droits qu'on aborde en toute franchise et auxquels on se découvre avec la sécurité complète de la confiance, sans le moindre nuage de soupçon ? s'écriait saint Bernard, ce sont des oiseaux bien rares sur la terre! » Elle, elle ne connaissait qu'un chemin, c'était le droit. Si elle allait rondement, ouvertement avec Dieu, selon cette recommandation de saint François de Sales : « En l'exercice des vertus, il faut aller franchement, naïvement, à la vieille française ; » ce même esprit de rondeur, elle l'avait également dans ses rapports avec les hommes, de sorte qu'elle pouvait dire comme autrefois le saint déjà cité : « Je vais tout à la bonne foi, à l'abri de la providence de Dieu. Quiconque me connaîtra bien, dira aussitôt qu'il ne faut pas croire de moi des duplicités. Je parsème toutes les pièces de ma conversation, tant intérieure qu'extérieure, de sincérité. D'ailleurs, à vous parler franchement, je ne sais pas l'art de mentir, ni de dissimuler, ni de feindre avec dextérité : ce qui est le chef-d'œuvre et le grand ressort du maniement de la politique, et qu'on regarde comme l'art des arts en matière de prudence humaine et de conduite civile. Je ne voudrais pas pour tout l'empire porter un faux paquet dans mon sein ; je parle à l'ancienne gauloise, de bonne foi et simplement ; mes lèvres expriment ma pensée. Tous ceux qui me connaissent savent que tel est mon caractère. »

Toutes ses paroles, toutes ses actions avaient un parfum de franchise et de loyauté qui reposait le cœur. Quelques instants de conversation avec cette âme chrétienne et simple rendait l'esprit calme et serein : on sentait qu'elle était vraie, que la vérité s'échappait de ses lèvres, comme des hautes montagnes coulent les eaux limpides qui n'ont pas encore subi de contact artificiel. On éprouvait enfin une douce jouissance de se trouver en face d'une âme simple et droite.

Il y avait encore chez elle une grande simplicité de formes, une absence complète de toute singularité et bizarrerie ; elle évitait soigneusement tout ce qui pouvait attirer d'une façon particulière les regards sur elle. On ne la voyait jamais prendre des allures en dehors des voies communes, se livrer à des pratiques exceptionnelles, avoir une démarche affectée, une physionomie oblique, un regard souterrain, une posture contournée. On ne remarquait rien de singulier, ni dans ses vêtements, ni dans ses allures, ni dans sa conversation : c'était un modeste ruisseau qui coulait dans la vallée, et qui n'avait de remarquable que la pureté et la limpidité de ses eaux. « La sincère vertu, a dit Fénelon, est simple, unie, sans empressement, sans mystère ; elle ne se hausse ni se baisse ; elle n'est jalouse ni de réputation ni de succès. Elle fait le moins mal qu'elle peut ; elle se laisse juger et se tait ; elle est contente de peu ; prenez-la, laissez-la : elle est toujours la même. »

Ajoutons que ses condescendances aux humeurs du prochain, son support des actions et façons ennuyeuses des personnes avec lesquelles elle avait à vivre, ses victoires sur ses propres humeurs et passions, son renoncement à ses propres inclinations, ses efforts contre ses aversions et ses répugnances, son cordial et doux aveu de ses imperfections, sa vigilance continuelle à tenir son âme en égalité, la faisaient non seulement apprécier et aimer de tout le monde, mais encore tous ces petits riens étaient du plus grand prix devant Dieu, comme le fait remarquer saint François de Sales, par ces douces et belles paroles : « Chacun veut avoir des vertus éclatantes et de montre, attachées au haut de la croix, afin qu'on les voie de loin et qu'on les admire ; très peu se pressent à cueillir celles qui, comme le serpolet et le thym, croissent au pied et à l'ombre de cet arbre de vie. Cependant ce sont les plus odoriférantes et les plus arrosées du sang du Sauveur : telles que l'humilité, la patience, la douceur, la bénignité, le support du prochain, la débonnaireté, la cordialité, la compassion, le pardon des offenses, la simplicité, la candeur et autres semblables. Ces vertus-là sont comme les violettes qui se plaisent à la fraîcheur de l'ombre, qui se nourrissent de la rosée et qui, quoique de peu d'éclat, ne laissent pas de répandre une bonne odeur. »

Nous allons voir maintenant avec quel soin Marie-Anne a fui, dans ses relations avec le monde, tous les vices opposés à la belle vertu de simplicité : la malice, la ruse, la duplicité et la curiosité indiscrète.

Une personne malicieuse donne une interprétation fâcheuse aux actions les plus droites et les plus candides ; elle juge mal ses semblables et s'imagine qu'ils l'ont en vue dans leurs paroles et leurs actes ; étant elle-même vicieuse et méchante, elle pense que tous les hommes le sont également.

Celle qui est rusée et fourbe met en jeu toute son adresse pour circonvenir les innocents ; semblable à l'oiseleur, elle ne songe qu'à tendre des appâts et des filets ; elle ne suit que les voies secrètes et détournées. « L'homme rusé, dit Salomon, ressemble au renard, le plus trompeur des animaux pour saisir sa proie. » Et, cependant, rien n'est plus étendu aujourd'hui que ce vilain défaut. Le roi David s'en plaignait déjà de son temps, lorsqu'il disait à Dieu : « Sauvez-moi, Seigneur, du siècle où nous sommes, parce que partout je ne trouve que des fourbes. Les paroles des hommes ne sont plus que vanité et tromperie. »

Une personne portée à la duplicité est celle que la sainte Écriture a flétrie par cet anathème : « Malheur au cœur double et au pécheur qui marche sur la terre par deux voies. » Ceux que le Sage nomme double de cœur, dans le monde on les désigne par cette flétrissure : personnes à deux visages, c'est-à-dire des gens qui ont une chose dans le cœur et qui en font paraître une autre sur la figure. Le prophète royal les désigne bien lorsqu'il dit : « Leurs discours sont plus doux que l'huile ; mais ce sont en même temps des lances. »

La sainte jeune fille n'avait pas de malice. N'ayant pas d'attache à son propre sens, elle n'érigeait pas chez elle une espèce de tribunal où elle jugeait les actions des autres. L'expérience, du reste, n'avait pas tardé à lui apprendre que, lorsqu'on se donne le temps d'examiner les choses, on en juge tout autrement qu'on n'avait fait d'abord. Cette vérité nous est admirablement bien représentée dans les saintes Écritures. Le prophète Ezéchiel avait vu le char de gloire traîné par quatre animaux ; mais il nous avertit lui-même qu'après avoir considéré attentivement ce char mystérieux, ce qui lui avait paru des animaux, étaient des chérubins. « Tandis que le prophète, dit saint Jean Chrysostome, avait regardé de trop loin, il n'avait vu que des animaux, mais maintenant qu'il regarde de plus près, il voit des chérubins. » Belle figure de tout ce qui se passe tous les jours dans le monde ! Tandis que nous ne regardons nos frères que de loin et en passant, nous ne voyons chez eux que des vices et des défauts ; mais si nous nous donnons le temps de considérer leur vie, avec attention, nous reconnaîtrons que tel, qui nous paraissait un démon, est un ange. » Elle avait donc bien raison de juger ses semblables avec une candeur de colombe, et de donner à tout une interprétation favorable. Lorsqu'il lui était impossible d'approuver des actions évidemment mauvaises, au moins elle tâchait de les excuser en alléguant soit la droiture de l'intention, soit l'ignorance, soit l'infirmité humaine.

Elle n'avait pas plus de ruse ni de duplicité dans ses paroles ou dans ses actions ; mais elle marchait dans une voie découverte et sans détour, ne dissimulant et ne cachant jamais rien, si ce n'est ce qu'une sage discrétion lui faisait un devoir de taire ; car sa simplicité, sa droiture, sa loyauté n'avaient rien de contraire à la prudence, et se conciliaient très bien avec la réserve de cettevertu, parce quelles étaient pratiquées avec un esprit éclairé. L'homme sage, tout en restant dans les limites de la sincérité, sait ce qu'il ne doit pas révéler ; il connaît les démarches qu'il peut se permettre et celles dont il doit s'abstenir : jamais, autant qu'il est donné à la faiblesse humaine, on n'aura à lui reprocher de ces paroles et de ces actes inconsidérés qui seraient le fruit de l'imprudence. Sa conduite est également éloignée des extrêmes ; et, si elle avait besoin d'apologie aux yeux du monde, j'ajouterais que l'homme droit et vrai finit par être le plus habile dans les affaires, par cette noble et grande habileté qui honore et se fait honorer.

Elle eut enfin, toute sa vie, une trop grande délicatesse de conscience, une trop sage attention à sa propre perfection, une vie trop remplie par des occupations multiples, pour se laisser aller à cette curiosité indiscrète, si commune dans le monde, et qui est encore un défaut bien opposé à la vertu de simplicité. La curiosité porte l'homme à rechercher sans cesse quelle est la conduite des autres, lui cache à lui-même ce qu'il est intérieurement, et fait qu'il s'ignore d'autant plus qu'il a, sur le compte du prochain, des connaissances plus approfondies. C'est un défaut qui a été odieux aux païens eux-mêmes. Voici ce que Plutarque, un de leurs moralistes les plus distingués, a écrit sur ce sujet : « Pourquoi, homme trop curieux, vois-tu si clair dans les défauts d'autrui, et si peu dans les tiens ? Détourne un peu du dehors et retourne au dedans de toi-même ta curiosité. Si tu as le désir de connaître des maux, tu trouveras bien en toi de quoi t'occuper. Autant il y a de feuilles dans les bois, autant trouveras-tu de fautes en ta vie, de passions en ton âme, et d'omissions à l'égard de tes devoirs. Passe-les en revue, considère-les, ferme les portes et les fenêtres qui regardent chez tes voisins ; ouvres-en d'autres qui conduisent à ta chambre. Là, tu trouveras des occupations profitables et salutaires. »

La Fontaine flétrit de même cette curiosité satirique, ma s il constate avec amertume combien ce vice est commun :

Lynx envers nos pareils, et taupes envers nous,
Nous nous pardonnons tout, et rien aux autres hommes.
   Le fabricateur souverain
Nous créa besaciers tous de même manière,
Tant ceux du temps passé que du temps d'aujourd'hui :
Il fit pour nos défauts la poche de derrière,
Et celle de devant pour les défauts d'autrui.

« Pourquoi apercevez-vous un fétu dans l'œil de votre frère et ne voyez-vous pas la poutre qui est dans le vôtre ? a dit Jésus ; ou comment pouvez-vous dire à votre frère : Mon frère, laissez-moi tirer de votre œil le fétu, ne voyant pas la poutre dans le vôtre ? Hypocrite, commencez par ôter la poutre de votre œil et vous verrez à ôter le fétu de l'œil de votre frère. »

Dans ce chapitre, comme dans les autres, je n'ai à signaler dans la jeune orpheline que des qualités humbles et modestes, comme sa simplicité, sa douceur, sa naïve candeur, son aimable et franche physionomie, toutes qualités qu'un grand évêque a appelées les *petites vertus ;* mais ce n'est pas une raison de croire que sa vie n'a pas été très parfaite, et qu'elle fut inférieure à beaucoup d'autres. Au contraire, en examinant le bel ensemble de ces charmants petits riens avec un coup d'œil sérieux et attentif, nous y découvrirons une nouvelle preuve de la rare et exquise perfection du modèle, comme on découvre dans les photographies bien faites de nouveaux et admirables détails, à mesure qu'on les examine avec une lentille qui les fait ressortir dans toute la précision de leurs contours.

CHAPITRE XII.

INSTRUCTION DE MARIE-ANNE ISQUIN.

Elle obtient son brevet de capacité.

Il faudrait que tous les pères et mères de famille fussent bien convaincus de cette vérité incontestable : que le meilleur héritage à laisser à leurs enfants est, sans contredit, une excellente éducation et une bonne instruction ; car, si les enfants bien élevés sont destinés à avoir des richesses, ils savent en faire un bon usage ; et, s'ils en sont privés, ils ont la sagesse de savoir se borner à une modeste aisance, ou même de supporter la pauvreté avec dignité.

Ajoutons que le mérite, la vertu et les talents que procure une éducation bien dirigée obtiennent seuls l'estime et le respect des hommes, et qu'ils sont des biens que personne ne peut nous ravir, étant comme attachés à nos âmes. La Fontaine, dans une de ses admirables fables, nous le fait bien comprendre. « Deux hommes, dit-il, demeuraient dans la même ville.

> L'un était pauvre, mais habile,
> L'autre riche, mais ignorant.
> Celui-ci sur son concurrent
> Voulait emporter l'avantage :
> Prétendait que tout homme sage
> Etait tenu de l'honorer.
> C'était tout homme sot : car pourquoi révérer
> Des biens dépourvus de mérite ?
> La raison m'en semble petite.

L'événement prouva la justesse de cette assertion. Un grand malheur vint s'abattre sur les deux hommes : il priva le riche de ses biens ; mais il ne put enlever au savant sa science et sa sagesse. Qu'advint-il ?

> L'ignorant resta sans asile,
> Il reçut partout des mépris ;
> L'autre reçut partout quelque faveur nouvelle.....
> Laissez dire les sots : le savoir à son prix.

Du reste, instruisons-nous par les faits. Un jour, Aristippe, élève du sage Socrate, fit naufrage dans une longue traversée. Tous les passagers eurent le bonheur d'aborder à l'île de Rhodes, mais sans aucune provision et dénués de tout. Ils se désolaient, quand Aristippe, ayant aperçu des figures géométriques sur le sable du rivage, s'écria : « Ne craignons rien, je vois des vestiges d'hommes. » Il alla aussitôt à la ville, entra dans les écoles publiques et déploya tant de talents et de sagesse que les habitants lui firent des présents capables de l'entretenir convenablement lui et ceux qui étaient avec lui. Peu de temps après, ses compagnons d'infortune, voulant retourner dans leur pays, lui demandèrent ce qu'il avait à faire savoir à ses enfants : « Dites-leur, répondit le philosophe, qu'ils s'appliquent de bonne heure à acquérir la science et la vertu, car, s'il leur arrivait un jour de faire naufrage, ces biens pourront nager et venir à terre avec eux. »

Après le fait historique que nous venons de rapporter, la parole suivante du même philosophe n'étonnera plus personne. Quelqu'un lui demandait en quoi le savant différait de l'ignorant : « Envoie-les nus tous deux, dit-il, et tu verras. » Montrant par là que le savant porte avec lui de quoi se recommander partout.

Denis le Jeune nous en est une autre preuve éclatante : tombé deux fois du trône, il se fit maître d'école à Corinthe ; et comme on lui demandait à quoi lui avait servi toute sa science : « A vivre d'abord, répondit-il, puis à supporter avec courage un si grand changement de fortune. »

Passons à d'autres conséquences heureuses de la science unie à la bonne éducation : « Elle donne aux jeunes gens la sobriété, dit Diogène ; aux vieillards, une consolation ; aux pauvres, la considération et le moyen de vivre ; aux riches, l'illustration : car elle corrige de l'intempérance un âge naturellement porté au plaisir; elle adoucit, par un honnête soulagement les incommodités de la vieillesse ; elle sert au pauvre de provision de route ; elle orne la fortune du riche. »

Hâtons-nous d'ajouter que les parents qui prennent soin de bien élever leurs enfants et de se faire aider par des maîtres dignes de les remplacer, travaillent à leur propre bonheur. En effet, ils voient, chez leurs enfants, fructifier les semences de la vertu et joindre l'innocence de la vie et l'intégrité des mœurs au savoir et à la science ; ils trouvent en eux une société douce et aimable, de la consolation dans leurs peines et du soulagement dans leurs infirmités ; ils sont respectés dans leur famille et respectables à tous ; ils ont enfin la satisfaction de rendre la vertu comme héréditaire et l'honneur de donner à leur pays des modèles et des hommes capables de rendre des services importants.

Cependant, il ne faut pas nous enthousiasmer

d'une admiration exclusive pour les talents et les connaissances. Ce que nous venons de dire prouve suffisamment que ce n'est pas uniquement sur leur savoir qu'il faut juger les hommes, c'est sur l'usage qu'ils en font. Ce n'est pas à l'éclat, c'est au bien qu'ils ont répandu, que nous devons nos hommages. Les qualités les plus brillantes de l'esprit, la science la plus étendue, tout ce que les hommes estiment et désirent en ce genre, ne sert qu'à égarer et à perdre, quand il n'est pas joint à la droiture du cœur, à la pureté d'intention et au respect des immuables principes de la morale et de la religion. Ouvrons les fastes de l'Église, nous verrons les novateurs, qui, dans la suite des siècles, l'ont déchirée par leurs hérésies ou par leurs schismes, être des hommes distingués par leurs belles études et leur érudition, et parmi ceux qui, de nos jours, élèvent à la ruine de toute religion des chaires d'incrédulité, ne voyons-nous pas aussi des esprits éclairés et faits pour être les apôtres d'une meilleure doctrine? Parcourons, si nous l'aimons mieux, les annales des empires, regardons quels ont été les artisans des révolutions, des ravages, de tous les malheurs de l'humanité, nous trouverons constamment les hommes les plus célèbres par l'étendue de leur génie. Il faut donc que les savants soient en même temps des hommes animés des meilleurs principes, pour être les bienfaiteurs de leurs semblables.

Mais, dans le monde, on entend dire quelquefois que, si la bonne éducation ne nuit pas à la science, du moins la piété y est un obstacle; qu'elle est une sorte d'éteignoir qu'on s'expose, au début de la carrière surtout, à placer sur l'intelligence et le cœur pour arriver ainsi à un étouffement plus ou moins complet des facultés humaines. C'est une misérable prévention. Il est possible, sans doute, que quelques personnes aient donné lieu à ces préjugés par leur manière d'entendre et de pratiquer la piété. Mais tous les gens de bon sens conviendront que la première règle de sagesse est de mettre de côté les travers humains et de former ses convictions d'après les vrais principes : les défauts de l'homme passent, et les principes demeurent. Or il est incontestable qu'une piété sage et éclairée ne doit mettre aucun obstacle au développement de l'intelligence et du cœur, et que même elle doit perfectionner ces facultés. « Les dons de la grâce, dit saint Bonaventure, perfectionnent ce qu'il y a de meilleur dans les qualités naturelles, et ainsi, par l'habitude des dons célestes, l'esprit humain est conduit à son entière perfection et opère facilement, autant qu'il est permis, dans un corps corruptible. »

Saint Thomas dit quelque part qu'il n'y a rien de meilleur et de plus noble dans les créatures raisonnables que l'intelligence. En effet, l'intelligence vient de Dieu, et la science est un petit ruisseau qui sort de cette source de toute lumière. Dieu lui-même est souverainement intelligent : rien ne lui échappe ; il jette un seul regard et il découvre tout, et tout ce qui existe, tout ce qui a un nom sous le ciel, il le sait, il le connaît, il en saisit tous les rapports. Voilà pourquoi toute science est bonne, parce que toute science vient de Dieu, parce que toute vérité vient de Dieu, et que toute intelligence est éclairée de Dieu pour comprendre. « C'est Dieu, dit l'Écriture, qui donne la sagesse et l'intelligence. » — « Le Seigneur, dit le Sage, amassera dans l'âme du juste des trésors de science et d'intelligence. » Et la doctrine constante des Pères applique ces maximes à l'ordre naturel comme à l'ordre surnaturel. « Notre esprit doit être plein de belles et larges pensées en tous les genres de choses louables, dit saint Grille ; il doit en être orné comme la tête qu'embellit une gracieuse chevelure : c'est la meilleure préparation à la lumière surnaturelle ; » et saint Bernard ne craint pas d'affirmer que « l'esprit d'erreur nous ferait de faciles illusions si nous négligions la science. »

Ainsi posée, la question ne saurait avoir qu'une solution : il est impossible que la piété bien entendue nuise au développement convenable de l'intelligence, puisque Dieu est la lumière, Dieu est la vérité dans l'ordre naturel comme dans l'ordre religieux, puisque Dieu c'est l'intelligence même, et qu'on ne peut pas s'approcher de lui sans être éclairé. Cette vérité nous apparaît avec toute sa gloire dans la vie des saints les plus illustres : ils ressemblèrent à ces montagnes élevées toujours éclairées par les splendeurs de l'astre du jour ; ou bien à ces aigles qui montèrent et montèrent toujours, sans se lasser d'être inondés de lumière.

Qu'il nous suffise de citer l'exemple de sainte Thérèse : jamais aigle n'a aimé comme elle la clarté du jour ; on voit qu'elle étouffe dans les ténèbres ; elle réclame partout la science ; elle regrette de n'être pas assez instruite. « C'est une grande chose que les lettres et le savoir, dit-elle. Les demi-savants font beaucoup de mal... Sans la science, on fait de nombreuses sottises. » Aussi cherchait-elle partout la conversation des hommes instruits ; et c'est dans leurs entretiens que son esprit naturellement fécond a pris, au moins en partie, ce développement, cette étonnante perspicacité, ce coup d'œil sûr qui voit toutes les faces d'une question, cette prudence et cette sagesse dans l'administration qui l'ont rendue capable de bien diriger tant d'âmes dans l'Espagne.

Il ne nous semble pas inutile de faire connaître ici la méthode d'enseignement des Filles de la Sagesse, et de montrer les heureux résultats qu'elle a produits dans Marie-Anne. Alors nous sentirons qu'une piété intelligente et éclairée ne cultive pas seulement l'esprit, mais, ce qui est mille fois plus précieux, qu'elle est un arome qui conserve le bon esprit.

Un de nos plus illustres ministres de l'instruction publique, M. Duruy, a dit : « L'institutrice qui ne prépare pas les matières de son enseignement, perd beaucoup de temps à chercher pendant la leçon, dans des livres ou dans des cahiers, les textes à faire lire ou à expliquer, les devoirs d'arithmétique ou de français à dicter, et s'expose à les mal choisir. Au contraire, la maîtresse qui n'entre dans sa classe que quand tous les matériaux ont été préparés à tête reposée peut suivre sans peine les différents exercices et en tirer tous le parti possible pour le progrès de l'école. »

La préparation écrite et quotidienne de la classe a toujours été regardée comme rigoureusement obligatoire par les personnes d'élite que la communauté mère désigne pour l'instruction ; ajoutons que les plus distinguées d'entre ces bonnes religieuses ne se croient pas déshéritées, quand elles sont préposées même aux classes les plus élémentaires, parce qu'elles ont le bon esprit de comprendre qu'elles ont en réalité la tâche la plus importante, puisque l'avenir de l'enfant, dans ses études, dépend surtout des débuts. En effet, les exercices auxquels on soumet les toutes petites filles sont une initiation à l'enseignement de l'école : ils comprennent les premiers principes de l'instruction religieuse, de la lecture, de l'écriture, du calcul verbal et du dessin linéaire ; des connaissances usuelles à la portée des enfants ; des ouvrages manuels appropriés à leur âge ; des chants religieux ou moraux et des exercices corporels. Point de livre, point de leçon ; rien qui exprime une idée de contrainte, qui ait le caractère du devoir, de la tâche. Pour graver plus profondément dans la mémoire de ces enfants les notions qu'elles doivent garder, les maîtresses se servent d'objets sensibles ; elles placent sous leurs yeux les choses dont elles parlent, ou tout au moins la représentation, l'image de ces choses. Ainsi s'établit, entre les maîtresses et les élèves, un courant de confiance affectueuse et de gaieté. Les facultés de l'enfant cultivées avec tendresse, s'épanouissent, pour ainsi dire, sous ce rayon de bonne humeur, comme la plante naissante sous la chaleur d'un soleil de printemps.

L'enseignement qui suit ces premiers exercices est partagé en trois cours : cours élémentaire ; cours moyen ; cours supérieur.

Nous allons faire connaître, sans détail, le programme de chacun de ces cours. Le sujet pourra être aride, mais il ne sera peut-être pas inutile ; car nous aurons à constater plus tard que ce qui reste des études bien faites, d'une éducation où la culture intellectuelle qui forme l'esprit est unie, de concert avec l'instruction religieuse, à la culture morale qui forme le caractère ; c'est un jugement éclairé et sain, un cœur ouvert aux sentiments élevés, l'amour du travail et des vertus domestiques, force et sauvegarde des familles et des nations.

MATIÈRES de l'Enseignement.	COURS ÉLÉMENTAIRE.
Instruction morale et religieuse..........	Prières et petit Catéchisme. — Abrégé de l'Histoire sainte.
Lecture...............	Alphabet, épellation, lecture courante dans un livre.
Écriture............	Principes de l'écriture.
Langue française....	Exercices élémentaires d'orthographe.— Dictées d'un genre simple au tableau.
Calcul...............	Principes de la numération ; exercices pratiques sur les quatre règles (nombres entiers).
Système métrique....	Noms et usage des mesures métriques.
Leçons de choses.....	Enseignement par l'aspect (cartes murales, images, solides géométriques, reproductions au tableau noir).
Histoire de France...	Entretiens et récits sur les principaux personnages et les grands faits.
Géographie..........	Notions de géographie générale ; définitions.
Dessin...............	Eléments du dessin linéaire.
Chant................	Chants religieux ou moraux.
Exercices de mémoire.	Fables ou morceaux choisis, très simples, en vers ou en prose.
Couture..............	Premiers éléments de couture.

MATIÈRES de l'Enseignement.	COURS MOYEN.
Instruction morale et religieuse..........	Catéchisme et Évangiles des dimanches et fêtes. — Histoire sainte.
Lecture..............	Lecture courante dans les livres et dans les cahiers manuscrits.
Écriture............	Cursive, grosse, moyenne et fine.

MATIÈRES de l'Enseignement.	COURS MOYEN. (*Suite.*)
Langue française....	Exercices d'orthographe. — Dictées sur cahier.
Calcul	Exercices sur les quatre règles (nombres entiers et décimaux.)
Système métrique.....	Exercices pratiques sur les différentes mesures.
Histoire de France...	Suite des faits depuis les origines jusqu'à nos jours.
Géographie	Notions sommaires sur les cinq parties du monde et sur l'Europe en particulier.
Dessin	Dessin linéaire.
Chant	Etude des principes.
Exercices de mémoire.	Morceaux choisis dans des textes classiques.
Couture..	Travaux de couture usuelle.

MATIÈRES de l'Enseignement.	COURS SUPÉRIEUR.
Instruction morale et religieuse	Catéchisme, Ancien et Nouveau Testament.
Lecture	Lecture dans les livres et dans les cahiers manuscrits, avec explication et comptes rendus. — Lecture du latin.
Écriture	Cursive, ronde et bâtarde.
Langue française....	Application raisonnée des règles de la grammaire sur des textes classiques. — Exercices de rédaction d'un genre simple.

MATIÈRES de l'Enseignement.	COURS SUPÉRIEUR. (*Suite*.)
Calcul.............	Étude raisonnée de l'arithmétique (nombres entiers et décimaux, fractions ordinaires).
Système métrique....	Application du système métrique à la mesure des surfaces et des volumes.
Histoire de France...	Revision rapide des grands faits jusqu'à la guerre de Cent ans. — Histoire développée depuis la guerre de Cent ans jusqu'à nos jours.
Géographie.........	Géographie physique, politique, agricole, industrielle et commerciale de la France.
Dessin.............	Dessin linéaire et d'ornement.
Chant..............	Exécution des morceaux à une voix ou en chœur.
Exercices de mémoire.	Morceaux choisis dans les textes classiques.
Couture............	Travaux de couture usuelle.

L'abeille a des ailes, et, après avoir travaillé dans sa ruche, elle va respirer le grand air ; elle se promène sur les fleurs. Dieu avait donné à Marie-Anne les ailes de l'intelligence ; ses maîtresses jugèrent qu'elle devait avoir ses promenades intellectuelles, recevoir des leçons particulières dans des sciences plus sérieuses et plus étendues. Après avoir eu les plus grands succès dans les trois cours dont nous venons de parler, elle fut préparée à recevoir son brevet de capacité ; faveur exceptionnelle à cette époque déjà si éloignée de nous. Au temps indiqué, elle subit brillamment les examens d'usage, et elle reçut son diplôme d'institutrice avec les plus grands éloges.

> Une louange équitable
> Dont l'honneur seul est le but,
> Du mérite véritable
> Est le juste tribut.
> Un esprit noble et sublime,
> Nourri de gloire et d'estime
> Sent redoubler ses chaleurs,
> Comme une tige élevée
> D'une onde pure abreuvée
> Voit multiplier ses fleurs.

S'il est des esprits que la science rend orgueilleux : petits ballons qui s'enflent au moindre souffle du vent, et qui ont la prétention de tout comprendre, de monter jusques aux cieux, il n'en fut pas de même de la nouvelle institutrice. Il s'éleva du fond de son âme un souffle de modestie, de droiture, d'obéissance et de déférence aux conseils de ses sages maîtresses qui ne servit qu'à donner plus de prix et de solidité à ses belles qualités. La science dans la piété combina gracieusement en elle l'aménité du cœur, l'éloignement du faste et l'étendue des connaissances, et son esprit, retrempé surtout aux sérieuses études de la religion, acquit une sorte de virilité qui rehaussa son caractère. La modestie n'est-elle pas au mérite ce que les ombres sont aux figures dans un tableau : elle lui donne de la force et du relief.

CHAPITRE XIII.

MARIE-ANNE ISQUIN QUITTE L'ORPHELINAT FONDÉ A MONTARGIS PAR LOUIS XIV.

Son entrée chez M. Morillot de Lacange, à Ouzouer-des-Champs.

Lorsqu'on récitait sur le théâtre de Rome cette fameuse maxime, leçon donnée à ceux qui ont en mains le pouvoir, et éloge adressé à un empereur bienfaisant : « Je suis homme, et je ne considère rien de ce qui intéresse les hommes comme étranger pour moi » : tout le peuple se levait et faisait retentir l'immense salle d'un concert d'acclamations et d'applaudissements.

Montargis peut acclamer aussi un roi au cœur bon et magnanime ; Louis XIV ne s'est pas laissé éblouir par l'immense éclat de son règne ; comme l'empereur romain, il s'est souvenu qu'étant homme il devait s'intéresser aux infortunes du pauvre peuple. C'est ce grand monarque qui, en 1700, a pourvu l'hospice de la ville de rentes suffisantes et spéciales pour élever dix-huit jeunes filles laissées sans soutien par la mort de leurs parents. Œuvre touchante et impérissable qui donne, dans les dernières préoccupations d'un père ou d'une mère qui se meurent, cette consolation suprême : mon enfant ne sera pas abandonnée ; depuis l'âge de six ans jusqu'à dix-huit, elle retrouvera la tendresse, les soins, les douceurs et le bien-être que nous avions rêvés pour elle. En effet, depuis cette date mémorable, Montargis voit, dans son hospice, survivre à toutes les révolutions la plus touchante des œuvres de charité. Des jeunes filles orphelines, sans ressources, sans lieu de retraite, y sont recueillies, hébergées, nourries, élevées, mises à l'abri de la misère et des dangers dont les menacent leur isolement et leur abandon. Elles y apprennent le travail et la science ; elles entrent ensuite dans le monde, honnêtes, pures, préservées, prêtes à soutenir courageusement la lutte de la vie.

> Heureuse, heureuse l'enfance
> Que le seigneur instruit et prend sous sa défense,
> Tel en un secret vallon,
> Sur le bord d'une onde pure,
> Croit, à l'abri de l'aquilon,
> Un jeune lis, l'amour de la nature.

Comme nous l'avons dit, et grâce à cette fondation admirable, la douloureuse époque des deuils immenses de Marie-Anne n'avait pas été pour elle une époque d'abandon et d'isolement. Pendant toute son adolescence, son esprit avait reçu une instruction très soignée, et son âme, attentive à ses devoirs religieux, s'était tenue pieusement aux pieds du grand auteur de l'univers, par delà les limites du monde et la région des orages.

Cependant l'heure redoutable, l'heure de la transition était arrivée. Il fallut quitter le saint asile où elle avait coulé des jours si doux et si purs. Oh! alors, elle se sentit comme suspendue dans le vide, et, comprenant douloureusement ce qu'elle perdait, sans savoir ce qu'allait être son avenir, elle se mit à pleurer. Mais la bonne supérieure ranima son courage un instant ébranlé. « Vous savez que la vie est un voyage, lui dit-elle, c'est un voyage qui se fait sur l'eau, et cette eau est la grande mer. Or la grande mer est toujours agitée, même lorsqu'elle est tranquille. Eh bien, ma fille, jusqu'ici vous n'aviez pas quitté la terre ferme; mais vous allez vous embarquer, vous allez mettre le pied sur le bateau. Maintenant vous allez sentir le mouvement de la mer. N'ayez pas peur : cette mer agitée vous portera au but que Dieu veut. Je vous donnerai la main pour vous aider à marcher pendant le roulis, jusqu'à ce que vous ayez le pied marin. Non, ma fille, je ne vous abandonnerai pas. Chez nous, vous avez appris la science et la vertu ; chez une pieuse demoiselle, à laquelle je vous ai bien recommandée, vous allez apprendre tous les travaux de la lingerie qui augmenteront en vous les moyens de gagner votre vie honorablement. Ma chère enfant, on ne se perd dans le monde que si on le veut bien : vous pouvez y être une lumière et un modèle. Prenez courage : au Seigneur appartient la terre entière, à lui est l'univers et tout ce qu'il contient ; dites-lui souvent : « Mon Dieu, c'est entre vos mains que repose mon sort. »

Marie-Anne sécha ses larmes : sa force d'âme reprenant le dessus, elle conjura la bonne supérieure Octavie, — c'était son nom de religieuse, — de lui permettre de revenir dans sa sainte maison aussi souvent que ses occupations le lui permettraient. Elle embrassa toutes ses jeunes amies et toutes les vénérables Filles de la Sagesse, et elle se rendit chez sa nouvelle maîtresse.

Confiante en Dieu, elle savait que nous avons dans les cieux un père tout-puissant qui veille continuellement sur nous. Sa foi lui faisait voir ce

Dieu si bon conserver, avec un soin universel, tous ses ouvrages, fournir aux oiseaux du ciel leur nourriture, revêtir les fleurs des champs de leur éclat. Elle ne doutait donc pas qu'elle-même, qui était bien plus précieuse aux yeux du Créateur, ne fût l'objet d'une sollicitude plus tendre encore et plus active ; et, en trouvant dans l'Évangile la parole positive, elle se jetait, avec un abandon entier, dans les bras de sa providence. Mais elle savait aussi que, si le Tout-Puissant nous donne ce dont nous avons besoin, c'est par les moyens qu'il a établis ; qu'il a posé des lois universelles, et attaché la subsistance de chaque homme à son travail ; qu'il ne doit pas à chacun de nous un miracle ; qu'enfin, s'il nous apprend à lui demander notre pain quotidien, il veut que nous le gagnions, et il nous le procure en bénissant nos efforts. Ainsi, elle conciliait, avec une droiture parfaite, la loi qui lui prescrivait le travail et celle qui lui ordonnait l'abandon à la providence. « Oui ! ô mon Dieu, disait-elle, je crois que je recevrai de vous ce qui m'est nécessaire, mais mon travail sera le moyen par lequel vous me le ferez parvenir. » Elle rappelait, par ces paroles, une vérité proclamée par la philosophie païenne autant que par la foi : « Nous voyons que les biens dont nous faisons usage, la lumière dont nous jouissons, l'air que nous respirons, sont autant de bienfaits de Dieu. » C'est Cicéron qui parle ainsi. « Toutefois la conduite de la providence n'est pas la même à l'égard des hommes qu'à l'égard des animaux. Comme ces derniers ne sont pas susceptibles de tomber en quelque faute ni d'accomplir aucun devoir, le Tout-Puissant leur fournit toujours des choses salutaires et ce dont ils ont besoin pour vivre, tandis qu'il envoie aux hommes, qui sont capables de l'un et de l'autre, tantôt la prospérité, tantôt l'adversité, à raison de leurs mérites, de leur ordre et de leur travail. »

Marie-Anne se mit à l'œuvre courageusement, et la maîtresse, enchantée de la docilité, de l'intelligence et de l'habileté de son apprentie, fut d'autant plus satisfaite qu'elle s'aperçut bien vite qu'elle avait chez elle une personne non seulement d'une grande piété, mais encore d'une grande réserve et d'une prudence étonnante pour son âge. Quand l'obéissance l'obligeait à faire quelques commissions, elle s'en acquittait gentiment, toujours avec une grâce et une politesse parfaites, mais promptement. En dehors de ces sorties indispensables, elle n'allait jamais dans le monde, et si elle avait un moment de libre, elle en profitait pour se rendre à la maison où elle avait été si bien élevée, afin de s'y distraire et aussi afin de s'y retremper dans la vertu; et, quand elle mettait le pied sur le seuil de la porte, elle pouvait dire avec un de nos poètes :

> Il semble que, dans l'air, une voix qui me pleure
>   Me rappelle à mes premiers jours.
> Oui, je reviens à toi, berceau de mon enfance,
> Embrasser un instant tes foyers protecteurs.
> Loin de moi les cités et leur vaine opulence.

Avec une soif insatiable d'apprendre et une étonnante aptitude à tout travail, elle devint rapidement une très habile lingère; ce qui était surtout remarquable en elle, c'était la beauté de son caractère. Elle était bonne, affable et compatissante; elle parlait peu et toujours à propos; elle n'offensait, elle ne contristait, elle ne raillait personne; elle était simple dans ses atours et simple dans ses manières. Sa politesse n'était pas une vaine formule composée de fausses paroles : c'était une expansion de bienveillance qui charmait; aussi, quoiqu'elle eut brillé parmi ses jeunes compagnes du plus vif éclat par son érudition; quoiqu'elle eut déjà en ville la réputation bien méritée d'une jeune fille accomplie, personne ne la jalousait, et même, elle avait gagné tous les cœurs.

Il y avait bien peu de temps qu'elle faisait les délices de l'habile et sage ouvrière à laquelle on l'avait confiée, quand un personnage marquant de Montargis vint trouver la sœur Octavie et lui demanda si Marie-Anne pouvait être donnée, comme institutrice capable, à deux jeunes demoiselles d'une noble maison des environs qu'il lui désigna. « Vous ne pouvez pas trouver mieux, » lui répondit la bonne supérieure. Après les pourparlers d'usage en pareilles circonstances et les renseignements favorables pris à bonne source de part et d'autre, il fut décidé que la jeune institutrice serait placée, à Ouzouer-des-Champs, chez M. Morillot de Lacange.

Ce ne fut pas sans regret que la chère orpheline se décida à quitter sa bonne maîtresse d'apprentissage: ce ne fut pas surtout sans inquiétude qu'elle consentit à s'éloigner des Filles de la Sagesse qui avaient toujours été pour elle une seconde providence ; mais elle ne savait qu'obéir. A un jour convenu, le cabriolet de M. Morillot vint la chercher à l'Orphelinat, et la bonne supérieure Octavie adressa à sa protégée ces touchants et sages conseils : « Avant de nous quitter, ma chère enfant, je tiens à vous faire quelques recommandations que je vous prie de ne jamais oublier.

La meilleure preuve qu'on a de l'esprit et qu'on l'a bien fait, c'est de bien vivre et de se conduire toujours comme on le doit. Cette sagesse de conduite consiste à prendre, en toutes circonstances, le parti de la vertu et du devoir. Dans votre nouvelle position, servez Dieu de toute l'ardeur de votre âme; faites acquisition de science pour vous mettre à la hauteur de votre mission, et que votre vie soit si bien suivie et si bien réglée, que son exemple soit le plus pathétique de tous les enseignements donnés à vos élèves.

» Vous avez reçu parmi nous des leçons d'innocence ; néanmoins votre vertu disparaîtrait bien vite si vous n'évitiez pas les mauvaises compagnies. Fasse le ciel que vous ne sachiez jamais, par expérience, combien sont funestes les effets qu'elles produisent. Combien de fois n'a-t-on pas vu ruinés, par des fréquentations dangereuses, ces fondements de pudeur et de sainteté que des maîtresses attentives avaient jetés dans le cœur de leurs élèves! Combien de fois même n'a-t-on pas vu des liaisons imprudentes faire disparaître cet heureux naturel, ces dons naissants, ces talents commencés, en un mot tous ces fruits précieux d'une bonne éducation. Enfin, ma chère fille, suivez, toute votre vie, ce conseil d'un habile homme : *Le propre du sage est de ne se laisser conduire qu'à la vertu, et d'attendre l'éternité pour récompense.* »

Après ces admirables conseils, la maîtresse et l'élève se séparèrent, le cœur bien gros et les yeux bien mouillés de larmes ; et le cabriolet emporta Marie-Anne au château d'Ouzouer-des-Champs.

Je ne puis résister ici au plaisir de citer les conseils que Sénèque adressait un jour à ses disciples, sur le danger des mauvaises sociétés, tant ils ressemblent à ceux donnés par la sœur Octavie à sa bien-aimée. Ils prouveront, une fois de plus, que la religion contient la vraie philosophie et la parfaite éducation de l'âme. « Demandez-vous ce que je vous conseille d'éviter, disait le plus sage des Romains, c'est la foule : jamais vous ne vous y exposerez avec sûreté. Pour moi, certainement, j'avoue ma faiblesse. Jamais je n'en rapporte les mœurs que j'y avais apportées. Quelque chose de ce que j'avais rangé se trouble, et parmi les vices que j'avais chassés, il en revient quelqu'un. J'arrive plus avare, plus ambitieux, plus débauché et même plus cruel et plus inhumain, pour avoir été chez les hommes. Il faut éloigner de la foule une âme tendre et encore peu affermie dans le bien : on passe facilement à l'avis du plus grand nombre. Socrate, Caton, Lélius! il eût suffi, pour ébranler vos vertus, de l'influence d'une multitude corrompue. A combien plus forte raison aucun de nous, qui sommes encore surtout occupés à régler notre âme, ne résisterait-il pas au choc des vices accompagnés d'une telle escorte. Un seul exemple de luxe ou d'avarice fait beaucoup de mal, le commerce d'un homme efféminé nous énerve et nous amollit; le voisinage d'un riche irrite notre cupidité ; la compagnie d'un méchant laisse sa rouille sur l'âme la plus candide et la plus simple. Qu'est-ce qui arrivera, croyez-vous, à vos mœurs, si publiquement elles se trouvent attaquées? Il vous faudra imiter ou détester. Mais évitez l'une et l'autre de ces deux choses, ne devenez pas semblables aux méchants qui sont en si grand nombre; puis, ne haïssez pas le grand nombre des hommes, parce qu'ils ne vous ressemblent pas. Rentrez en vous-mêmes autant que vous le pouvez, attachez-vous à ceux qui vous rendront meilleurs, et attirez à vous ceux que vous pourrez rendre tels : il y a ainsi réciprocité de bons offices, et on apprend en enseignant. »

L'air que nous respirons dans nos rapports avec les mauvaises gens n'est pas pur; et l'âme prudente doit s'arracher à tous ses liens **mauvais**. Ajoutons que, tous ces dangers à part, la science de la vie suffirait seule pour nous détacher du monde. « Fiez-vous donc aux hommes, » disait sainte Thérèse : aujourd'hui ils seront pour **vous**, et le lendemain ils seront au nombre de **vos** ennemis. » Il y a bien peu d'amis vrais en ce monde ; la plupart sont des amis d'intérêt, de parole et de circonstance ; ils auront des formes polies et même doucereuses ; mais il y a au-dessous une main qui vous déchirera au moment où vous n'y penserez pas. Et même, en mettant de côté les noires perfidies, que d'esprits légers, mobiles, pleins de vanité inconstante. Compter sur eux, c'est compter sur la constance des nues et du vent ; se fier à la solidité de leurs pensées, c'est vouloir obtenir une écriture fixe en traçant des caractères sur la vague. Vous rencontrerez des hommes que vous croirez vos amis sincères, qui vous auront accablé de protestations de dévouement : au moment où vous aurez besoin de vous appuyer sur eux, ils casseront sous vos pas comme la glace fragile, et vous laisseront tomber dans un piège. D'autres auront un masque de théâtre sur leur visage, ils le mettront pour aller vous voir, pour vous embaumer de compliments ; et à peine seront-ils sortis, que, déposant leur personnage emprunté, ils seront heureux d'essayer contre vous la malignité d'une langue empoisonnée.

Quand un médecin a suffisamment éclairé les causes de nos maladies, il arrive à la conclusion pratique pour tenir notre organisation dans un état régulier. Telle est la marche que nous devons suivre en ce moment. Nous avons prouvé qu'il faut séparer son cœur des tristes scènes qui se jouent dans le monde et surtout dans la société des mauvaises gens ; hâtons-nous d'ajouter que cependant le détachement de la foule ne doit produire en nous, ni l'insensibilité, ni le mépris des bonnes qualités, ni la négligence des devoirs, ni la misanthropie. Pour être juste, il faut dire qu'il doit seulement nous engager à porter dans le monde la dignité du caractère chrétien, c'est-à-dire une prudente réserve, une sage retenue, un cœur élevé au-dessus des hommes, non point pour les mépriser, mais pour nous en défier avec sagesse.

CHAPITRE XIV.

LA FAMILLE MORILLOT DE LACANGE.

Éducation des demoiselles Eulalie et Caroline par Marie-Anne Isquin.

Jusqu'à ce moment, nous avons vu Marie-Anne ressembler à une plante qui, bien arrosée et bien abritée dans une serre parfaitement entretenue, se couronne de fleurs ravissantes : nous allons la suivre dorénavant dans le commerce des hommes, et la voir devenir un bel arbre résistant à toutes les tempêtes et s'enrichissant des plus beaux fruits.

M. Morillot de Lacange, chez qui elle était entrée comme institutrice, était né avec cette prérogative du sang qui ouvre facilement le chemin des honneurs et de la fortune, si elle est réunie à quelque mérite personnel. Il était le neveu de l'archevêque de Bourges, et il avait pour parrain le petit-fils de Louis XV, qui devint roi de France, de 1824 à 1830, sous le nom de Charles X.

Mais ses père et mère avaient eu pour lui une bien fausse tendresse ; ils avaient craint de le fatiguer en le faisant instruire, comme son rang le demandait. Ah! s'ils avaient bien médité cette recommandation de la sainte Écriture : « Avez-vous des enfants, instruisez-les, et accoutumez-les au joug dès leur enfance. » Et cette autre : « Instruisez votre fils, et il vous consolera, et il deviendra les délices de votre âme. » S'ils avaient bien approfondi ces sages paroles du philosophe grec Théophraste : « Celui qui se fie sur le bonheur de la fortune et croit être à couvert de toute sorte d'accidents fâcheux, reconnaît enfin, s'il est sans doctrine, que le cours de la vie se fait dans un chemin peu ferme, et où il est impossible de ne pas tomber. » Nous n'aurions pas vu, avec stupeur, cette famille, qui aurait dû briller au premier rang, disparaître d'Ouzouer-des-Champs, après des malheurs qui ont remué profondément nos âmes, et qui devraient servir d'avertissement, si les hommes étaient réfléchis.

Quand l'intelligente institutrice arriva dans la noble famille, pour faire l'éducation des deux jeunes demoiselles Eulalie et Caroline, le savant archevêque de Bourges venait de placer, dans une pension qui avait toute sa confiance, leur unique frère Charles. Il voulait qu'il lui fût donné une éducation digne de son rang, afin que son esprit eût, un jour, des lumières étendues, et son cœur, de grands sentiments. « Plus on est d'une condition noble, disait-il à M. Morillot, et plus on doit être élevé par son mérite, si l'on veut être respecté. La puissance, l'autorité et les richesses rendent l'ignorance plus honteuse et les fautes plus considérables. Le moindre défaut paraît plus grand, à mesure qu'on est exposé à un plus grand jour. » Malheureusement, cet enfant, qui promettait beaucoup, mourut à la fleur de l'âge : il était dans sa douzième année. M. et Mme Morillot furent accablés par ce coup imprévu et terrible. Et, depuis, il y eut toujours, au fond de leur cœur, une larme qui filtrait goutte à goutte, et qui tombait en secret sur la mémoire de ce fils adoré, pour la rafraîchir et pour l'embaumer en eux.

Avant de se mettre à la grande œuvre qui lui était confiée, Marie-Anne, inquiète, et avec raison, de la responsabilité qu'elle avait contractée, leva les yeux au ciel et pria Dieu avec larmes de lui venir en aide, car elle tremblait de n'avoir ni assez de lumière, ni assez d'autorité pour instruire ces jeunes filles destinées à briller dans le monde.

Chaque fleur, dans le même jardin, s'élance avec

un port différent ; de même, dans ce vaste jardin des sciences, une habile institutrice doit développer l'intelligence de ses élèves selon la disposition de leurs facultés et l'espèce de fruits qu'elles doivent porter. Si Dieu les a créées petites violettes, elle ne doit pas essayer de leur faire imiter l'arbrisseau ; si elles sont de modestes arbustes, elle ne doit pas les faire aspirer à la taille gigantesque du grand chêne. Mais quand une jeune personne doit devenir l'ornement d'une riche famille, le travail des mains, le soin du ménage, l'activité que la femme doit développer dans son intérieur pour veiller à tout, maintenir toutes choses dans un ordre parfait, ne suffisent pas. Il faut qu'elle sache entretenir une délicieuse conversation ; ne pas user son esprit autour des objets de toilette ; mais le réserver pour des causeries sérieuses et intéressantes semées de remarques aussi solides que délicates ; il faut enfin que son instruction agrandisse son âme au contact des idées, lui donne un ton gracieux, l'assouplisse et lui communique à la fois finesse et fermeté. C'est dire que les études d'une jeune personne doivent être en conformité avec ses aptitudes, la nature de sa vocation, le caractère de son esprit, la position de sa famille et l'avenir qui lui est réservé dans le monde. La jeune institutrice saisissait bien toutes ces nuances, et elle se traça immédiatement un plan destiné à faire des jeunes Eulalie et Caroline des demoiselles chrétiennement élevées et solidement instruites pour le rang qu'elles devaient occuper un jour.

Il y avait dans le château une chapelle abandonnée depuis 1793 : elle devint bientôt l'asile sacré qui devait abriter de nouveau les saintes traditions du foyer domestique des de Lacange. La maîtresse et les élèves se mirent à la rendre proprette et à l'orner. Ce fut là qu'elles faisaient ensemble la prière du matin, avant de se mettre au travail ; et, quand l'heure du repos était arrivée, c'était là encore qu'elles se rendaient pour s'agenouiller devant Dieu. Ah! dans ces moments solennels, la figure de Marie-Anne était toujours voilée d'un recueillement respectueux qui imprimait à ses élèves le sentiment de la gravité de l'acte qu'elle leur inspirait. Et, s'endormant tranquille et heureuse après cette prière du soir si bien faite, elle pouvait bien dire en pensant à ses élèves.

> Je ne surcharge pas leurs sens et leur esprit
> Du stérile savoir dont l'orgueil se nourrit;
> Bien plus que leur raison j'instruis leur conscience...
> ... Et leur montre en tout lieu
> L'espérance de l'homme et la bonté de Dieu.

La piété qu'elle faisait naître dans le cœur des jeunes Eulalie et Caroline n'était pas une piété ignorante qui consiste à s'accabler de pratiques de dévotion, à réciter une multitude de prières vocales et à se faire enregistrer sur le catalogue de toutes les confréries ; ce n'était pas non plus une piété sombre que sainte Thérèse appelait « la sainteté de mélancolie, » piété qui ne fait prendre à certaines âmes que le côté des vérités sévères, et les rend tristes et rêveuses, comme si elles avaient un crêpe devant les yeux. Oh! non, elle ne tombait pas dans ces erreurs qui font beaucoup de mal aux hommes du monde ; car elles leur font éprouver une sorte de répulsion pour la piété, et ils s'éloignent ; elles leur font attribuer les défauts des personnes à leur dévotion, et ils la méprisent. De là cette parole du prince de Marsillac : « La plupart des amis dégoûtent de l'amitié, et la plupart des dévots dégoûtent de la dévotion. » De là encore ce mot de Frédéric le Grand : « Savez-vous ce qu'il faut faire pour déconsidérer le catholicisme ? il faut en faire un hibou ! » Ce mot est un discours. Prenons garde de faire de la piété un hibou : ce serait la ruse la plus artificieuse du démon pour en dégoûter l'univers.

Cette piété qu'elle inspirait à ses jeunes élèves

et dont elle leur donnait l'exemple, car elle ne ressemblait pas à une harpe dont les sons profitent aux autres, mais qui ne sent et n'entend rien elle-même, était une piété telle que Dieu la veut, telle que la religion l'enseigne. C'était l'amour du meilleur et du plus parfait des êtres ; c'était un amour qui fortifie, qui donne à l'âme une élévation, une liberté, une énergie surhumaines. Dieu devenait l'affaire principale, l'étoile polaire de leur vie. Mais, toutefois, leur âme ainsi possédée de Dieu n'était pas absorbée par ce sentiment souverain. Éclairées par la lumière d'en haut, elles voyaient très clairement la volonté de Dieu sur elles ; elles comprenaient que le Seigneur leur avait donné des devoirs à remplir, et qu'elles ne sauraient mieux faire pour lui être agréables que de les accomplir avec une entière fidélité. Elles s'élançaient donc avec ardeur dans la carrière du devoir ; et leur mouvement était d'autant plus énergique et soutenu que le principe était plus fort et plus élevé ; semblables à ces étoiles qui ne s'arrêtent jamais dans leurs cours, parce qu'elles ont un mouvement divin qui s'est emparé d'elles au jour de leur création et qui semble les poursuivre encore.

La piété de la jeune institutrice et de ses élèves était douce, aimable et joyeuse : elles devenaient, dans l'intérieur de la famille, comme les anges du toit domestique ; et ces figures bonnes, gracieuses, saintement épanouies y apportaient, tous les jours, une grande provision de consolation et de contentement. « Conservez, dit saint François de Sales, un esprit d'une sainte joie qui, modestement répandue sur vos actions et paroles, donne de la consolation aux gens de bien qui vous verront, afin qu'ils en glorifient Dieu. » — « Si vous versez de l'huile de senteur, dit un autre auteur spirituel, le parfum pénètre tous les objets ; l'air lui-même en semble comme imbibé ; et, si le parfum est suavement tempéré, il réjouit le cœur de ceux qui s'approchent. Il est un parfum qui, sagement mélangé au sérieux de la vie, fait toujours du bien : c'est celui d'une âme doucement épanouie sous l'œil de Dieu, qui porte, en tout ce qu'elle dit et en tout ce qu'elle fait, cet esprit de joyeuse liberté et de gracieuse courtoisie, vraie perfection de l'âme évangélique. Ces âmes font un grand bien, elles prêchent continuellement, elles portent le prochain à Dieu, elles sont un aimant céleste, et tous ceux qui les approchent sentent le besoin de devenir meilleurs. »

La piété de la préceptrice avait particulièrement cette sainte gaieté cordiale qui nourrit les forces de l'esprit et édifie le prochain : elle possédait le don de trouver la joie partout et de la laisser aussi partout après elle, car elle jaillissait de ses doigts comme des traits de lumière. Elle possédait pour réjouir le cœur une influence irrésistible ; il semblait qu'une ombre du bon Dieu avait passé sur elle. Sous son empire, tout devenait chrétien sans bruit ; elle éclairait, mûrissait, adoucissait, comme fait le soleil, les objets les plus rebelles qui entraient dans sa sphère, réalisant ainsi cette maxime de la sainte Écriture : « La parole douce acquiert beaucoup d'amis et adoucit les ennemis : la langue de l'homme vertueux a une douceur qui le rend aimable. »

Cette belle piété ne l'empêchait pourtant pas de mettre beaucoup de gravité dans son enseignement : car une piété bien comprise veut qu'une institutrice capable donne à la société toute une génération de nobles créatures qui ne soient pas des ornements frivoles dont on s'amuse sans les estimer, mais plutôt des vases précieux dont la valeur intrinsèque soit de beaucoup supérieure à la forme.

Les jeunes Eulalie et Caroline, l'une âgée de onze ans et l'autre de neuf, étaient déjà arrivées à l'époque de la vie où des jeunes filles ne doivent plus user leur temps et leur esprit à des bagatelles que l'on pardonne aux tout petits enfants, à cet âge où l'on bâtit des châteaux de cartes : leur sérieuse maîtresse ne leur permit pas de pareilles futilités ; elle ne déposa pas davantage dans leur cœur la semence de la frivolité, de la vanité, de la curiosité ; elle ne leur enseigna pas l'art de briller, de semer toutes les graines variées de l'amour-propre ; elle ne les nourrit pas de sciences vaines et dangereuses, d'histoires et d'aventures plus ou moins édifiantes. Oh ! non ; mais insensiblement elle les plia au travail, elle leur donna une instruction solide, variée, profonde, surtout en religion, autant que leur âge et leur capacité le permettaient. Pour tout dire, le programme de chaque cours suivi chez les Filles de la Sagesse fut exactement mis en vigueur, et ainsi était gracieusement combinée la lumière dans la piété.

Avec ces solides principes de vertu, d'instruction et de politesse, les demoiselles Eulalie et Caroline devenaient charmantes ; la bonté, la modestie, la candeur, l'intelligence et les grâces accompagnaient ce qu'elles disaient et ce qu'elles faisaient ; leurs termes et leurs expressions étaient élégants sans affectation et simples sans bassesse ; leur prononciation même, le son de leur voix et l'air qui accompagnait toutes leurs actions comme toutes leurs paroles faisaient sentir les marques de considération, d'amitié ou de respect pour les différentes personnes auxquelles elles s'adressaient ; elles avaient enfin cette timide réserve que Fénelon appelait *la pudeur de la science :* cette pudeur qui leur apprenait à éviter dans les conversations ce ton d'afféterie, ces airs sentencieux qui contribuent tant à déconsidérer l'étude. Tout en elles, même la science, était simple, gracieux, souple, plein de charme et de sagesse.

Dieu avait donné à Marie-Anne de rares talents, elle les faisait admirablement valoir ; aussi avait-elle entièrement conquis l'affection, l'estime et la confiance du château ; elle se proposait de poursuivre son œuvre si délicate et si méritoire quand une lettre de Mgr l'archevêque de Bourges vint annoncer que ses jeunes petites-nièces allaient être mises, par lui, à la rentrée des classes, dans un pensionnat digne de leur condition.

CHAPITRE XV.

MARIAGE DE MARIE-ANNE ISQUIN.

Jusqu'à cette époque, il n'y avait à Ouzouer-des-Champs qu'un seul château, et, après le château, la maison la plus convenable était celle qui sert aujourd'hui de presbytère. Cette maison était alors habitée par un homme très estimé qui se nommait Pierre Dautry, et qui la possédait en compagnie d'un autre petit bien situé non loin de là. Ce modeste propriétaire, fils d'un vaillant et honnête fermier, avait épousé une personne vertueuse nommée Félice-Colombe Désœuvres, avec laquelle il avait, pendant quelques années, coulé des jours heureux ; car ils avaient eu la sagesse, tous deux, de s'éloigner du tracas des affaires, et de cultiver tranquillement le champ de leurs aïeux. Ils s'étaient crus toujours assez richement meublés, en revoyant sur leur table la salière à l'antique que leurs parents leur avait laissée comme un monument précieux de la simplicité des premiers temps ; ils avaient su mépriser l'inutile et jouir du nécessaire ; et, contents avec un bien de peu d'étendue, ils avaient considéré philosophiquement, à l'abri de la tranquillité et du désintéressement, tous les naufrages qui se font sur la mer orageuse de la fortune.

> Le chêne ambitieux, malgré sa fermeté,
> Tient peu contre Éole irrité,
> L'humble roseau craint moins l'orage.
> L'heureuse médiocrité
> Qui plaît si fort à l'homme sage
> Assure sa félicité.

Cette médiocrité dorée est d'un grand prix pour ceux qui connaissent la valeur et l'usage des choses ; surtout si on y ajoute la modération des désirs.

> Savoir jouir de ce qu'on a,
> Ne rien souhaiter au delà,
> .....Voilà le vrai bonheur ;
> La modération du cœur
> Est la pierre philosophale.

Mais le bonheur sans nuages ne dure pas longtemps ici-bas.

> Ce qu'on appelle nos beaux jours
> N'est qu'un éclair brillant dans une nuit d'orage.

Pierre Dautry perdit, en peu de temps, sa femme et deux enfants. Une fille bonne et sage qui lui restait adoucissait son veuvage, quand M. Morillot vint lui faire part d'un projet qu'il avait conçu. La jeune personne remplie de mérite qu'il avait au château et que tout le monde appréciait, devait forcément quitter le pays, puisque ses deux élèves allaient être mises en pension par leur oncle Mgr l'archevêque de Bourges. Pourquoi, lui, le propriétaire de la plus convenable maison du pays, ne l'épouserait-il pas ? Par cette union, il pouvait rendre deux services importants à la commune : il lui assurerait une institutrice capable qui ferait merveille dans une localité entourée de pays sans école ; et il lui procurerait une salle de classe très suffisamment vaste et éclairée. Sans doute, il y avait une assez grande différence d'âge ; mais la personne qu'il lui proposait n'avait jamais eu la légèreté de la jeunesse : elle était grave, sérieuse et réfléchie. Si elle ne possédait que quelques petits morceaux de jardins, de vignes et de prés sur Villemandeur et Amilly, elle avait, comme compensation, son instruction et son habileté incontestable dans son état de lingère, de sorte qu'elle serait un véritable trésor dans la maison. Avec elle, il n'avait à craindre aucun des inconvénients d'une seconde union ; à l'âge mûr où il était arrivé, la raison et l'expérience avaient dû lui apprendre qu'on ne fait de mauvais mariages que quand on est plus attentif à la dot qu'à l'honneur et à la vertu. Mais quand on s'allie à une jeune fille parfaitement honnête, soumise, respectueuse et chez qui la sagesse est héréditaire et sans tache on ne doit rien craindre.

Le langage de M. Morillot était vrai. Oui, la vertu est le seul fondement solide d'une heureuse société entre l'homme et la femme. « Celui qui a trouvé une épouse vertueuse, dit le Sage, a trouvé un grand trésor, il a reçu de Dieu une source de joie. » Il n'y a que les bonnes qualités de l'âme qui soient permanentes, ou plutôt, elles augmentent avec l'âge : l'amitié s'accroît avec la possession ; mais elle s'évanouit bientôt quand on se laisse guider par des motifs moins raisonnables. C'est donc aux belles qualités de l'âme qu'il faut principalement s'attacher, lorsqu'on choisit une personne avec laquelle on doit passer sa vie dans une liaison aussi intime que le mariage. On doit chercher une femme aimable et respectable par ses mœurs ; il faut qu'une humeur douce et complaisante la rende propre à la paix, à l'union et aussi aux souffrances des traverses de la vie : il faut qu'une modestie sincère soit le principe de toutes ses paroles et de toutes ses actions ; qu'un caractère modéré, qu'une vie réglée lui fasse préférer l'éducation des enfants et les soins domestiques à la dissipation, aux amusements frivoles et à l'éclat des vanités. Elle fera ainsi le contentement et la joie du mari, et sa vertu se répandra sur lui et sur leurs enfants.

Rentré chez lui, M. Morillot s'efforça de décider Marie-Anne par les mêmes raisonnements ; en plus, il chercha à la convaincre qu'étant privée de tout proche parent, elle trouverait dans cet homme honorable un soutien, un appui, un père en un mot aussi bien qu'un mari. Enfin, il fit appel à sa piété, Ouzouer-des-Champs était sans curé, l'évêque d'Orléans voulait bien en donner un ; mais il fallait un presbytère, et le presbytère ne pouvait être que la maison occupée par l'excellent homme qu'il lui proposait comme mari. Elle ne tarderait pas à avoir sur lui une influence salutaire ; elle en userait pour le décider à vendre ce bien à la commune ; on pourvoirait ensuite à une maison d'école, et ainsi elle pouvait devenir l'âme de toutes les bonnes œuvres à faire dans le pays.

Marie-Anne ne répondit rien, mais il fut facile de remarquer qu'elle était devenue rêveuse, pensive et réfléchie. Ah ! quand un jeune homme est arrivé au moment où il doit choisir un état de vie ;

quand une jeune fille approche de ses lèvres cette coupe enchantée où l'on croit, à dix-huit ou vingt ans, qu'on va boire le bonheur, ils ont un père auquel l'âge et le jugement ont donné l'expérience des hommes et des choses ; ils ont une mère qui est désenchantée des vanités et des illusions du monde, alors que son enfant court le danger de s'en laisser éblouir. Et, ce jeune homme, cette jeune fille peuvent trouver, sur des lèvres dont ils ne suspecteront jamais la sincérité, la seule parole qui soit capable de les diriger en les désabusant : ils recevront, sans doute, le conseil de s'embarquer dans cette mer orageuse du monde, il le faut bien ; mais on leur dira : « Ne perdez jamais de vue le chemin du vrai bonheur et de l'inestimable vertu ; il vaudrait mieux mille fois périr dans le port, plutôt que d'aller briser contre les écueils du vice et du déshonneur. » Elle, ah ! elle n'avait plus, depuis longtemps, ces soutiens si naturellement dévoués, si expérimentés et si prudents ; mais la Providence lui avait donné un père ou une mère, et tous les deux à la fois, dans cette pieuse et judicieuse fille de la Sagesse, sœur Octavie. Elle courut la trouver, lui dire tout, la consulter et s'inspirer de ses bons conseils.

La bonne religieuse se mit à réfléchir et à considérer tout très mûrement. Sa bien-aimée de prédilection avait des dons extérieurs dont on fait grand cas dans le monde : la beauté de son visage était soutenue par les grâces du corps et par les agréments de l'esprit ; elle pouvait donc prétendre à plus d'aisance, de jeunesse et de mondanité dans un mari, vains hochets qui éblouissent le vulgaire. Mais cet homme apprécierait-il ce saint amour chrétien, cette réserve, cette modestie, cette délicatesse, ce respect mutuel, toutes ces choses exquises qui font l'honneur, le charme et la sainteté du mariage ? D'un autre côté, si l'assemblage des perfections physiques de Marie-Anne, réuni à sa bonne et belle éducation, faisait d'elle un parti désirable et même rare, ces avantages eux-mêmes pouvaient devenir, avec le temps, un grand danger. Sœur Octavie pesa toutes ces observations dans une juste balance, et elle finit par lui dire: « Ma fille, suivez les conseils de M. Morillot : ce mariage est tout à fait selon mes idées ; c'est une bénédiction de Dieu, j'en augure tout bien. Cette grande chose-là, la plus grande qui soit entre le baptême et la mort, vous la ferez comme il faut la faire et comme on ne la fait quasi plus. Les anges ont la main dans la trame de cette union, et ils assisteront à vos noces. Dieu ayant fait ce mariage, il fera la dot ; il la fera de paix, de force, d'honneur, d'espérance et d'estime mutuelle ; le reste importe peu. Qu'il y a de gens qui ont tout, mais pas cela, et qui, n'ayant pas cela, n'ont que misère, regret et horreur ! Quant à vous, ma chère enfant, si vous le voulez, rien ne vous ôtera la grâce et le bonheur que nous augurons de l'engagement grave que nous vous conseillons. Vous n'aurez qu'à profiter de votre nouvelle position pour pratiquer la vertu en toute manière. Sans doute le paysage changera, les fleurs passeront, les feuillages jauniront ; mais vous serez toujours dans l'air du bon Dieu, dans l'air respirable des âmes : vous ferez partie de la bonne espèce humaine, celle qui porte de bons fardeaux, qui jette les bonnes semences, et que Dieu fait forte parce qu'elle soutient tout. Il n'y a pas de meilleur emploi de la vie ; il n'y en a point, quoi que l'on dise, qui soit payé en meilleur argent : les saints seuls ici-bas sont heureux. Si, contre toute prévision, vous aviez peu de succès humain, s'il vous arrivait dans la vie d'avoir à subir les iniquités et les injustices du monde, souvenez-vous que ce ne sont là que des fantômes méprisables aux yeux de la simple raison humaine ; mais ils sont de véritables et d'immenses bienfaits pour la raison supérieure du **chrétien. Le** laboureur bénit la pluie qui féconde son champ, et il ne s'inquiète pas qu'elle dérange une partie de plaisir. »

Un homme mérite toujours le respect et la confiance d'une jeune fille vertueuse qu'il veut épouser, lorsqu'il a l'estime et la considération du public, parce qu'il ne les obtient que par son bon esprit, la pureté de ses mœurs et l'attachement à ses devoirs. Celui qui était proposé à Marie-Anne avait cet honneur ; et ces avantages devaient rejaillir sur elle. Son âge le rendait plus vénérable à ses yeux ; et puis cette parole de sœur Octavie retentissait à ses oreilles : « Ce mariage est tout à fait selon mes idées; c'est une bénédiction de Dieu, j'en augure tout bien. » Elle donna son consentement.

La bénédiction nuptiale eut lieu le 13 juillet de l'année 1818. Quand la vertueuse fille déposa sa main dans celle de l'homme grave qu'elle épousait, ce fut, comme chez la plupart des jeunes personnes pieuses, un acte d'obéissance qu'elle accomplit. En la voyant à l'autel briller d'un éclat angélique de recueillement et d'innocence, tout le monde fut saisi de respect et d'attendrissement ; et le nouvel époux sentit que sa jeune et sainte femme suspendait autour de lui de nouvelles fleurs de la vie, comme ces lianes des forêts qui décorent le tronc des chênes de leurs guirlandes parfumées.

CHAPITRE XVI.

L'INTÉRIEUR D'UN BON ET SAINT MÉNAGE.

Si les hommes y pensaient bien et s'ils étaient de bonne foi, ils conviendraient que presque toutes leurs disgrâces ne viennent que de leur négligence à remplir leurs devoirs à l'égard de leurs parents, de leurs amis et de leurs semblables. La nature, de concert avec la religion, exige d'eux tout le respect, toute la tendresse et toute la reconnaissance dont ils sont capables envers leurs pères et mères. Leur conscience et leur intérêt les portent à donner toute leur attention à l'éducation et à l'établissement de leurs enfants. La justice, la prudence et la charité les engagent à se rendre officieux envers tous ceux en qui des liens de famille ou d'amitié les attachent dans quelque degré que ce puisse être. Les préceptes évangéliques et l'humanité leur commandent d'être bons et patients pour tous leurs semblables ; et si leurs obligations sont ici un peu moins étroites, cependant ils se font tort à eux-mêmes quand ils cherchent une excuse à leur dureté.

Tous ces devoirs sont fort essentiels, mais ceux du mari et de la femme sont les premiers de tous et les plus importants. De la manière de vivre entre le mari et la femme dépend le bonheur de leurs jours, et leur bonheur ou leur malheur influe nécessairement sur leur famille.

Nous allons voir avec quelle perfection Mme Dautry et son mari ont su remplir les obligations qu'ils venaient de contracter. Ils avaient appelé Dieu à leurs noces ; ils s'y étaient donc déterminés dans les mêmes vues et pour les mêmes fins pour lesquelles il les a instituées, c'est-à-dire pour se donner à eux-mêmes un secours dans les besoins, un aide dans les travaux et une consolation dans les peines de la vie. Ils y évitèrent avec un soin extrême tout ce qui pouvait altérer leur précieuse union, et ils s'occupèrent, avec une tendre sollicitude, de tout ce qui pouvait contribuer à la maintenir. Il y avait entre eux un admirable accord de pouvoirs et de devoirs qui balançait les uns par les autres, qui compensait les droits de la force par les avantages de la grâce et qui réprimait l'abus de l'autorité par l'affection.

Tous deux étaient fort religieux : mais les âmes

d'élite ont leur physionomie particulière, et, quoique toutes rendent le son de la vertu, il n'en est pas une qui rende ce son de la même manière. Mme Dautry avait la religion de l'intelligence et du cœur ; son mari avait la religion du cœur seulement.

Le raisonnement suivant d'un penseur profond va expliquer notre pensée. « Je ne puis, dit-il en parlant des vérités religieuses, je ne puis être convaincu d'une vérité que par un sentiment de mon cœur qui ne me laisse point le loisir de penser, ou par une démonstration qui ne me laisse pas de réplique. Si c'est par démonstration, le cœur doit se prêter à l'esprit ; si c'est par sentiment, l'esprit doit suivre le cœur. En effet, dès que mon cœur a senti la sainteté de la religion, je n'ai plus besoin de penser, et mon esprit n'a plus rien à faire. Ainsi le sentiment et la démonstration font également honneur à la foi : l'un, pour consoler le fidèle ; l'autre, pour confondre l'incrédule. »

La piété de Mme Dautry était un mouvement d'intelligence qui la portait à s'unir à Dieu. Elle avait étudié la religion avec soin ; elle l'étudiait encore, et elle la trouvait toujours plus belle, plus admirable, plus lumineuse ; à mesure qu'elle avançait dans cette étude pleine d'attraits, elle éprouvait la vérité de ces paroles du prophète : « Il suffit de s'approcher de Dieu, et aussitôt l'on est éclairé. » Alors il y avait en elle une double et merveilleuse action : son intelligence, découvrant sans cesse de nouvelles beautés, devenait pour son cœur un nouvel aiguillon qui le portait toujours en avant ; il y avait dans son intelligence des abîmes de lumière qui la plongeaient dans des abîmes d'amour, et son cœur entraînait plus loin les ailes de son intelligence.

Son mari, au contraire, doué d'un jugement sain, d'un certain esprit naturel, mais sans culture, avait reçu dans sa famille l'instruction morale et religieuse que peuvent donner des parents chrétiens, mais illettrés ; il se soumettait donc aux vérités enseignées par l'Église simplement parce qu'il les regardait comme un don de Dieu reçu des mains de ses parents, et qu'il eût été coupable d'examiner et de laisser emporter au vent du chemin.

> Humble, et du saint des saints respectant les mystères,
> J'héritai l'innocence et le Dieu de mes pères.

Il croyait bonnement qu'on ne pouvait être un honnête homme sans accomplir ses devoirs de religion, et que qui manque à Dieu, de dessein prémédité, ne peut pas être fidèle aux hommes. Sa foi était donc un sentiment du cœur, un acte de vertu et non un raisonnement.

> Cette foi qui m'attend au bord de mon tombeau,
> Toujours, il m'en souvient, plana sur mon berceau.
> Son flambeau dans mon cœur précéda la raison,
> Enfant, en essayant ma première parole,
> Je balbutiais déjà son sublime symbole.
> Et sous l'œil maternel germant à son insu,
> Je la vis dans mon cœur croître avec la vertu.

Au sentiment religieux, les nouveaux époux joignaient l'amour du travail et la conscience du devoir. La vie de l'homme n'est point un sommeil sur un lit de roses ; elle est un chemin raboteux où il faut mettre continuellement la main à des choses fortes et difficiles. Cependant, il faut le reconnaître, le travail est plus agréable que quelque repos que ce soit, lorsqu'on obtient ce pourquoi on se donne de la peine ou qu'on sait qu'on l'obtiendra. On demandait un jour à Démocrite quelle différence il y avait entre les hommes laborieux et courageux et les paresseux ? « La même, répondit-il, qu'entre les hommes pieux et les impies ; ils diffèrent par la bonne espérance : car ceux qui fatiguent leur corps par le travail espèrent la récompense de leurs travaux ; mais les paresseux ont toujours la pauvreté en perspective. »

L'oisiveté ne promenait pas son ennui comme un voile funèbre sur la vie de Pierre Dautry et de Marie-Anne. Le labeur, qui est une peine, faisait leur bonheur ; il remplissait leur existence, et il la fécondait. Ils s'occupaient tous deux à donner une sage amélioration à leur modeste aisance et songeaient à l'avenir des enfants qu'ils pouvaient avoir : ils sentaient que c'était là une obligation sérieuse que leur imposaient la religion et le bon sens ; ils travaillaient donc, tous les jours, à faire quelques petites économies, mais par des moyens honnêtes et licites, et par une sage prévoyance. D'autre part, ils évitaient l'excès d'une ambition démesurée ; car l'ambition est une passion qui sort des rails de la raison et de la sagesse chrétienne. Ils avaient cette vapeur réglée, qui marche avec ordre, mesure et sécurité : l'absence de vapeur, c'est l'inertie ; la vapeur qui fait dérailler est un autre inconvénient non moins grand : chez eux, c'était la vapeur conduite sagement, c'est-à-dire l'action d'un ménage prévoyant, sans inquiétude pénible, s'occupant sérieusement des intérêts de la maison en tout honneur et toute probité ; c'était une intelligence active, sans sortir du calme, une économie sans parcimonie et réglée sans affectation.

Lorsque tout se rapporte à Dieu et converge vers lui comme vers la fin ultérieure de toute chose, la joie de la vertu, les légitimes contentements que procure à l'âme la vue du succès des travaux accomplis, sont une des récompenses accordées aux âmes justes, et que la morale la plus sévère ne peut condamner. La vue du bien qu'on acquiert dilate le cœur, encourage la faiblesse et centuple la force première ; l'âme éprouve alors quelque chose de cette souveraine complaisance qui faisait tressaillir le cœur de Dieu à la vue de la création. « Quand le bien nous réjouit le cœur, dit saint Augustin, c'est un grand don de Dieu. » On demandait, un jour, à un philosophe de l'antiquité ce que les choses humaines lui offraient de plus doux : « Acquérir, » répondit-il. Les deux époux connaissaient cette douce jouissance, et c'était justice, car ils ne reculaient point devant les moyens de l'obtenir. Après des journées et des semaines de labeurs et de fatigues, ils se réjouissaient du succès accordé à leur travail, ils savouraient la joie du devoir accompli, ils contemplaient avec bonheur l'ordre de leur intérieur, la régularité du train de la maison, l'harmonie et le calme présidant au développement pacifique de chaque chose. Enfin, ils étaient heureux.

Comme il est des âmes pour lesquelles la vue du bien et du bonheur des autres est une cause de jalousie, de haine et de noire accusation, les prudents économes ne se glorifiaient pas de leur petite prospérité ; ils la cachaient même, ou du moins ils se la faisaient pardonner par une grande modestie, étant, autant qu'il dépendait d'eux, comme le petit ruisseau qui se dérobe sous les feuilles. Cependant, ils ne vivaient pas sous leur toit dans un isolement égoïste, ils savaient répandre leur âme dans un petit cercle de personnes amies, mais ils avaient soin de les choisir. Devoirs de l'amitié, plaisirs de l'amitié, termes synonymes pour les bons cœurs. Le devoir assujettit, le plaisir flatte, et nous sommes moins assujettis que flattés quand nous servons nos amis. M. et Mme Dautry avaient cette amitié des sages qui ne voient rien de plus précieux qu'elle dans le monde, cette solide amitié qui est une espèce de mariage dont le contrat ne peut subsister qu'entre de très honnêtes gens ; l'estime en règle les conventions, et la mort seule peut le résoudre. Leur humeur douce, leur bon cœur, leur esprit bien fait, leurs manières avenantes, un air honnête, un dehors affable et poli, un grand fond de sincérité et de complaisance, un entretien intéressant et aimable, les rendaient éminemment sociables. A certains jours de fêtes, ils se faisaient une douce jouissance de recevoir leurs bons amis en toute cordialité ; mais ils ménageaient ce plaisir de façon que le goût ne s'usait jamais. Dans ces joyeuses circonstances, ils n'oubliaient pas le bon Dieu qui les faisait jouir si sagement de la vie.

> Dieu nous donne des biens, il veut qu'on en jouisse ;
> Mais n'oubliez jamais leur cause et leur auteur.
> Grand, petit, riche, pauvre, heureux ou malheureux,
> Etrangers sur la terre, adorez votre maître.

a dit Voltaire lui-même.

Dans ces réunions intimes d'amis choisis et, en général, dans toutes ses relations avec le monde, Mme Dautry avait trois qualités qui en firent rapidement une de ces femmes si accomplies, qu'il semble que la nature les présente au reste du monde comme des modèles à imiter : la prudence dans l'esprit, la modestie sur le visage, la retenue dans la langue. Les traits de sa figure représentaient la sagesse et la beauté de son esprit : quand elle parlait à quelqu'un, elle s'en attirait immédiatement la vénération, parce qu'elle avait toujours quelque chose de frais dans le sentiment, d'élevé dans le caractère et dans la conversation ; on sentait, après qnelques minutes d'entretien avec elle, que son esprit et son cœur avaient une demeure de choix sur les hauteurs du monde intellectuel et moral ; on sentait que la foi et la piété chrétiennes avaient arrosé la tige qui soutenait les fleurs de sa vie, et qu'elles lui donnaient un port à la fois noble et élevé. Quoiqu'elle fût très circonspecte sur les moindres mouvements de son cœur, elle ne laissait pas d'être prodigue d'honnêtetés et de manières obligeantes ; et, par ces gracieux procédés, elle gagnait la considération et l'amitié de tout le monde, et tout le monde croyait également avoir son estime et son amitié. Universellement louangée, elle n'était point sensible aux applaudissements, car l'amour de la vertu et de la perfection l'occupait beaucoup plus que le désir de la réputation. Ses ajustements, bien que gracieux, étaient de la plus grande simplicité. Sa position l'obligeait, il est vrai, à être vêtue un peu au-dessus du commun, mais elle se mettait d'une telle façon qu'on voyait bien qu'elle n'était guère occupée de sa parure. « Un vêtement riche et efféminé est le trophée de l'orgueil et le nid de la débauche, » disait César-Auguste. Une modeste démarche, un air de sagesse, une conduite où l'on sentait également de la force et de la douceur, tout cela était inséparable de sa personne et réunissait en sa faveur les différents jugements de ceux qui la connaissaient. Elle était le modèle de toutes les jeunes femmes, de celles qui aimaient le monde et de celles qui se donnaient à la piété : les unes voulaient reproduire la bonne grâce, la retenue et les agréments qu'elle avait naturellement ; les autres cherchaient à imiter sa sagesse et sa vertu. Quoique très pieuse, elle ne laissait pas de porter la joie et la gaieté avec elle, étant extérieurement comme le vulgaire, au fond n'ayant avec lui aucune ressemblance.

Elle était belle, et le monde lui décernait un prix de beauté : « Oh ! qu'elle est gente ! » disait-on de toutes parts. Oui, elle était belle. Elle avait dans le maintien, l'attitude, la physionomie et le regard une dignité pleine de charmes ; ce n'était pas une beauté efféminée qui s'adresse principalement aux sens ; c'était un rayon du ciel dont l'attrait extérieur ne sert qu'à couvrir une noble et mâle vertu. La racine de sa beauté était une piété intérieure toujours verdoyante, et la fleur se projetait sur tous ses organes ; sa vue élevait les pensées au lieu de les abaisser, et la lumière de son regard purifiait. Elle marchait ainsi, portant sur elle ce manteau de gloire ; et il y avait tant de simplicité dans ses manières, de bonté dans ses paroles et ses regards, d'élévation dans l'expression de sa physionomie, que la jalousie était comme désarmée : on l'admirait et on l'aimait.

Elle était à la fois franche et discrète, ouverte et réservée, pour ne dire que ce qu'il fallait et pour dire tout ce qu'il fallait : elle tenait un juste milieu entre le bavardage qui amène l'indiscrétion et la taciturnité qui fait soupçonner de fausseté. « Elle ouvrait enfin la bouche à la sagesse, » pour me servir des expressions de la sainte Écriture. Sagesse dans la nature de ses paroles, en ne disant jamais rien d'inconvenant, rien d'indigne d'une âme religieuse ; en respectant l'autorité, les croyances, la morale et les bienséances de la société. Sagesse dans la parcimonie du discours : elle méditait avant de parler, et ne livrait pas sa pensée avec la précipitation de la légèreté : peu de paroles et beaucoup de bonnes actions, tel était le moyen qu'elle employait pour faire le bien et pour mériter la réputation de ces esprits sages et droits qui savent se contenir en de justes limites. Sagesse dans l'opportunité des temps et des circonstances ; quand la conversation s'engageait sur un sujet et provoquait son avis, elle le donnait en toute franchise et prudence, et sa réponse était toujours d'un excellent effet. Sagesse dans le choix des personnes ; si elle se trouvait avec une amie sûre et bien intentionnée, elle devenait plus expansive, parce qu'elle sentait que cette amie comprenait le vrai sens de ses paroles et la limite où elle fixait sa pensée ; mais elle était beaucoup plus réservée devant des personnes peu intelligentes, devant des esprits de travers et des âmes étroites et malveillantes. En un mot, avant d'ouvrir la bouche, elle examinait si c'était la sagesse qui allait commander, et Dieu bénissait ce qui sortait de son cœur.

Ainsi disposés l'un et l'autre, les deux époux coulèrent, pendant des années trop courtes, hélas ! une existence douce et bénie, car la paix de Dieu régnait dans leur humble demeure, puisqu'ils savaient :

Vivre non de ce bruit dont l'orgueil nous enivre,
Mais de ce pain du jour qui nourrit sobrement
De travail, de prière et de contentement.

Chaque jour, à la tombée de la nuit, alors que les petits oiseaux cherchent un gîte sous la feuillée, chers petits oiseanx qui sont le véritable emblème du chrétien ici-bas, puisqu'ils préfèrent, comme le fidèle, la solitude au monde, le ciel à la terre, et que leur voix bénit sans cesse les merveilles du Créateur ; alors que le son de la cloche engage le pieux fidèle à réciter la Salutation angélique, tous deux, et plus tard eux et nous leurs enfants, nous nous réunissions autour d'une table nette et reluisante, pour partager ensemble un banquet frugal ; et notre père, avec sa figure grave et simple où les passions faisaient silence ; notre mère, ménagère diligente, tout empressée à nous servir ; et nous, les considérant avec amour, nous formions un groupe dont le souvenir sera toujours bien doux à mon cœur. Un instant après le repas avait lieu la prière, la prière qui rend le travail moins rude en le sanctifiant, et ensuite on s'endormait heureux et tranquille.

Ah ! le monde prophétise des visions de paix à ses sectateurs ; mais cette paix qu'il met dans les plaisirs, dans le contentement de l'orgueil et de toutes les passions, ne se montre de loin que pour tromper ceux qui la poursuivent, et quand ils se croient près de la saisir, tout à coup elle s'évanouit comme le songe d'un homme qui s'éveille. La paix véritable n'est que le calme d'une conscience pure : elle consiste à retrancher les désirs, et non pas à les satisfaire. Est-il un lieu caché, un emploi obscur, une place, un rang sans éclat aux yeux du monde, la paix est là surtout.

CHAPITRE XVII.

MADAME DAUTRY, INSTITUTRICE A OUZOUER-DES-CHAMPS.

Quand, après son mariage, Mme Dautry, munie de son brevet de capacité, ouvrit une école à Ouzouer-des-Champs, ce fut un événement, puisque cette commune et quelques autres environnantes en étaient privées depuis la grande Révolution. Et quand on sut partout combien l'institutrice si désirée était digne de tenir la place des parents qui allaient lui confier ce qu'ils avaient de plus cher, ce fut une satisfaction générale facile à comprendre, car les pères et mères, avec leur cœur et leur bon sens, comprennent parfaitement bien que ce n'est pas tout de savoir lire, écrire et charbonner sur un tableau quelques chiffres et quelques figures ; mais ils savent que nous avons, au-dessus de nous, un Dieu qui fit le ciel pour la terre, la terre pour l'homme, et l'homme à son image, et qui nous donna une âme pour le connaître, des bras pour travailler et un cœur pour aimer nos semblables ; et qu'il faut apprendre à l'adorer. Ils avaient donc sujet de se réjouir, car leur première institutrice était à la hauteur de sa noble et sainte mission, et elle mit à la remplir le zèle, la patience, la vigilance et la piété, toutes vertus indispensables à ceux qui sont chargés de l'éducation des enfants.

Les hommes naissent dans l'ignorance. Plusieurs philosophes ont regardé l'âme comme une table rase sans aucuns caractères, mais capable d'en recevoir par les sens et par la réflexion. D'autres reconnaissent que les âmes des petits enfants portent en elles les semences de tous les sentiments honnêtes et intellectuels ; les admonitions les développent, comme l'étincelle ranimée par un léger souffle laisse échapper le feu qu'elle contient. Tous admettent que la vertu se réveille au moindre signe, à la moindre impulsion ; et que l'énergie de l'esprit se ravive et s'accroît par l'influence des préceptes.

L'incapacité qu'on voit dans certaines personnes vient donc plutôt du défaut d'éducation que de la nature, puisqu'elle leur a donné des talents en germe pour tout ce qui est nécessaire à eux et à la société. Ces talents, à la vérité, ne sont pas également distribués : les uns en ont pour une chose, les autres pour une autre. Mais un homme sans aucun talent naturel est aussi rare que celui qui les a tous. Le premier est une espèce de monstre, et le second est un prodige : l'un et l'autre ne concluent rien pour le général. Toutefois, les dispositions naturelles demeurent comme ensevelies sans le concours de l'éducation qui est appelée à les faire germer et grandir, comme la culture fait de la semence qui croît et fructifie sous la main qui la cultive. Il n'y a pas à en douter, sans l'éducation, Aristote et Démosthènes n'auraient été que des bourgeois de bon sens ; Virgile et Horace, de mauvais poètes. Peut-être aussi aurait-on trouvé dans tous les siècles des génies qui auraient égalé ces hommes extraordinaires, parmi les pâtres et les laboureurs, s'ils avaient eu l'esprit également cultivé.

J'ai suffisamment démontré, ce me semble, qu'il n'y a que l'éducation qui soit capable de développer les talents naissants, d'étendre, d'élever et de perfectionner l'esprit. Sans elle que peut-on attendre des facultés naturelles ? La différence qu'on voit entre les esprits des hommes ne vient souvent que de la différence de l'éducation. Il est des arts et des sciences où l'on est sûr de se distinguer par la patience et le travail, et l'on ne s'y rend supérieur que parce qu'on s'y est plus appliqué.

Sans doute, il faut convenir, avec Cicéron, « qu'il s'est vu des hommes d'une si heureuse nature, que sans lettres et sans études, par les forces seules d'un génie comme divin, ils ont été sages et remplis de talents. Mais, ajoute le grand orateur romain, il faut pourtant avouer que, si l'on ajoute à ces naturels excellents la lumière des connaissances perfectionnées par l'instruction, alors, de cet assemblage, il s'en fait presque toujours je ne sais quoi de merveilleux et d'accompli. » D'où il faut conclure que plus on aperçoit dans un enfant de traits qui annoncent un heureux génie, et plus on doit s'attacher à le cultiver.

Ces principes posés, nous allons voir avec quel zèle, avec quelle intelligence la pieuse institutrice d'Ouzouer-des-Champs travailla à la culture de l'esprit de ses élèves, sans oublier la perfection de leur âme. Dieu lui avait donné l'amour d'une mère pour élever et instruire les enfants qui lui étaient confiés : elle tenait compte de la capacité d'esprit de chacun d'eux ; elle conduisait par degrés leur éducation, et elle jetait d'une bonne main les fondements des petites connaissances qu'ils pouvaient acquérir. Elle savait compatir à la faiblesse de leur raison et de leur âge, ainsi qu'à la légèreté de leur jeunesse et à leur inexpérience. Il y avait chez elle un heureux mélange de douceur et de fermeté qui lui procurait l'autorité qui est l'âme du gouvernement, et qui inspire aux disciples le respect qui est le lien le plus solide de l'obéissance et de la soumission. Elle profitait de tous les moments, et même de ceux qui paraissent consacrés aux récréations, pour former leur jugement et leur cœur, sans, pour ainsi dire, qu'ils s'en aperçussent. Elle se mettait toujours à leur portée : à mesure qu'ils avançaient en âge, elle passait des idées les plus simples aux plus composées; elle n'avançait que par degrés selon l'ordre de la nature, et elle ne les accablait point par de longues et fastidieuses leçons faites à chaque moment. Tantôt elle les laissait parler et rectifiait leurs raisonnements quand ils n'étaient pas justes, et tantôt elle les mettait sur la voie et leur faisait trouver les choses comme d'eux-mêmes, par des questions proportionnées à leur discernement. Par ce moyen, elle les rendait attentifs, la raison se formait, et toutes ses instructions tournaient à leur profit. Elle les accoutumait à pénétrer le fond des choses sans s'arrêter à la superficie; à considérer ce qu'elles ont de réel, sans regarder ce qu'elles ont d'imaginaire ou de vain. Enfin, lorsqu'ils faisaient quelques fautes, elle les reprenait, mais en cherchant plutôt à les convaincre par raison et par amitié qu'à les contraindre par autorité, sachant bien que ce n'est pas instruire les enfants que de les forcer : il faut plutôt éclairer l'esprit qu'assujettir le corps.

A la tête d'une école mixte, elle apportait une vigilance on ne peut plus active sur les enfants, se regardant, comme leur ange gardien, chargée de mettre à l'abri de toute atteinte le précieux trésor de leur innocence. Quand nous voyons un nombreux troupeau qui, répandu sur une colline, vers le déclin d'un beau jour, paît tranquillement le thym et le serpolet, ou qui broute dans une prairie une herbe menue et tendre qui a échappé à la faux du moissonneur, le berger soigneux et attentif est debout auprès de ses brebis, il ne les perd pas de vue, il les suit, il les conduit, il les change de pâturage ; si elles se dispersent, il les rassemble, il les accompagne, il les observe, il les défend. L'aurore le trouve déjà en pleine campagne d'où il ne se retire qu'avec le soleil. Quels soins ! quelle vigilance ! quelle servitude ! image naïve de celle que tous les enfants d'Ouzouer-des-Champs et de Saint-Hilaire-sur-Puiseaux ont appelée longtemps *notre bonne maîtresse*. Elle veillait du matin au soir, avec une affection toute maternelle, sur leur conduite, sur leurs relations entre eux, sur leurs jeux, sur leurs livres, ne leur en laissant jamais aucun qui fût contre la foi ou contre les mœurs. Elle avait l'œil à tout, au bon ordre de sa classe et aux progrès de ses élèves.

Il faut saisir le cœur de la jeunesse avant qu'elle s'embarque sur la mer orageuse du monde où l'exemple séducteur et la vivacité des passions font faire si souvent naufrage à la vertu. Il faut préserver, conserver, améliorer le caractère ; il faut que la raison et la foi préviennent l'âge, sans quoi la jeunesse a tout à craindre :

> Car c'est une zone torride
> Qui coûte beaucoup à passer.

Aussi c'était quand il s'agissait de la sanctification de l'âme de ses écoliers que la consciencieuse institutrice devenait surtout appliquée. Elle leur produisait une infinité de preuves de la religion, pour les soutenir contre la force du mauvais exemple ; rassurer leur cœur s'il devait être un jour agité par les passions ; prévenir leurs doutes et leurs perplexités. Et comme tout ce que nous enseigne la religion ne peut être approfondi, elle leur prouvait la révélation, leur faisant voir que la raison doit être soumise à la foi dans les choses que l'on ne comprend pas. Les desseins d'un être infini peuvent-ils être pénétrés par une faible créature qui n'a qu'une lueur d'intelligence par rapport à l'être qui l'a créée ?

Elle ne se contentait pas d'apprendre à ses élèves à recevoir avec soumission les vérités évangéliques, mais elle leur enseignait à pratiquer les préceptes du christianisme. Soumettre son esprit à la religion et abandonner son cœur aux passions, c'est être infiniment coupable, c'est n'avoir qu'une fausse lueur de croyance : ou plutôt c'est n'avoir pas de religion que de pratiquer certain culte extérieur, comme une coutume établie, pendant que le cœur est sans cesse dans le déréglement. Le vrai culte est dans l'innocence de la vie. Pour les préparer à lutter contre tous les mauvais entraînements, elle leur inspirait l'amour de Dieu, en exposant sa bonté infinie ; elle les animait par l'espérance d'un bonheur incomparable ; elle les intimidait par les horreurs d'une éternité de souffrances que l'Évangile expose clairement. C'étaient des cœurs justes et réglés qu'elle voulait former, car elle savait que l'heure viendrait bien vite où, des leçons de piété et de vertu qu'elle leur donnait, ils tomberaient dans une société profondément corrompue et habilement corruptrice, qu'assurément ils ne traverseraient pas sains et saufs, à moins d'avoir une conscience vigoureusement trempée.

C'est ainsi que Mme Dautry regardait sa profession comme une magistrature sacrée, comme une espèce de sacerdoce, et par le bien qu'elle fit elle confirma la vérité de cette assertion d'un illustre païen : « Il n'est pas seul à servir la république, celui qui produit des candidats, qui défend des accusés, qui délibère sur la guerre et la paix ; mais celui qui instruit la jeunesse, celui qui, dans une si grande disette de sages précepteurs, forme les âmes à la vertu, qui les saisit d'une main ferme et les ramène quand d'une course précipitée elles se ruent sur les plaisirs, le luxe et les richesses, celui-là, sans sortir de chez soi, fait les affaires du public. » Du reste, elle eut la consolation de voir ses efforts couronnés de succès, et ce ne fut pas sans une bien vive émotion que, dans les dernières années de son utile existence, elle vit revenir à elle ceux et celles de ses anciens écoliers que la mort avait épargnés, pendant une bien longue séparation ; et, en l'embrassant, sans qu'elle pût souvent les reconnaître, ils lui adressaient, avec larmes, ces paroles glorieuses pour eux et satisfaisantes pour elle : « Ah ! ma bonne maîtresse, nous n'avons pas oublié les bons conseils et les excellents principes que vous nous avez donnés. »

Dans l'époque où nous sommes, nous voyons des parents occupés principalement à procurer à leurs enfants les agréments du corps et les grâces de la figure ; à les façonner aux usages et aux manières de la société. Ceux qui pensent un peu plus solidement travaillent à orner l'esprit de la jeunesse de connaissances utiles et agréables : tout est pour l'éducation du corps ou tout au plus pour celle de l'esprit ; mais la première, l'essentielle éducation, l'éducation du cœur, est presque partout négligée, et, comme le plus grand nombre des pères et mères ont peu de principes moraux et religieux, ils ne pensent pas à en donner à leurs enfants. Nous avons déjà démontré les fâcheuses conséquences à venir d'une pareille éducation. Puissent les mères chrétiennes, puissent les institutrices selon le cœur de Dieu qui ont la mission si importante de les remplacer, imiter la vertueuse mère, la vigilante maîtresse d'école dont nous écrivons l'humble vie, et méditer profondément ces paroles si mûrement pensées de l'homme éminent de Vimory, M. de Cormenin : « Que la femme laisse à l'homme l'or, le pouvoir et le sophisme ! qu'elle garde pour elle le gouvernement moral des esprits, ce gouvernement qui est le signe le plus manifeste des créatures que Dieu a faites à son image. C'est à la femme à l'exercer dans le sein du foyer domestique, avec la sainte autorité d'une épouse et d'une mère. Si j'avais un souhait à former, je voudrais que les femmes du monde lussent et relussent ce que j'écris ici, car les hommes du monde ne me comprendront pas. Mais les femmes chrétiennes me comprendront, lorsque je dirai que la Providence les a suscitées pour sauver la société.

» Les femmes, qu'elles s'en souviennent ! répondront devant cette société, elles répondront devant Dieu de l'éducation première de leurs fils et de l'éducation plénière de leurs filles. On a fait, je le sais, on fait encore des efforts inouïs pour corrompre la moralité de la famille. On a dissout l'homme, on veut dissoudre la femme. La femme a résisté, elle résistera. Elle s'adossera à la religion dans ce monde qui s'ébranle et qui craque de toutes parts, et elle restera debout pour le relever au milieu de ses ruines. »

Le vicomte de Cormenin avait raison de parler ainsi. Au milieu du grand naufrage qui menace d'engloutir les derniers débris des croyances et des mœurs, les femmes vraiment religieuses peuvent tout sauver encore ; peut-être même n'y a-t-il plus aujourd'hui, pour la société chrétienne, d'autre ancre de salut. Les mères de famille peuvent sans doute attacher une très grande importance aux succès intéllectnels de leurs enfants, à leur avancement dans le monde, aux moyens mis à leur disposition pour réussir dans la carrière où ils doivent s'engager ; mais la moralité, la conduite, l'esprit religieux de leurs fils et de leurs filles, voilà surtout ce qui doit être l'objet de leur continuel souci.

CHAPITRE XVIII.

LE PRESBYTÈRE D'OUZOUER-DES-CHAMPS.

Le premier curé.

L'école d'Ouzouer-des-Champs était fondée, et les élèves profitaient d'autant plus qu'ils étaient occupés d'une façon bien appropriée à leurs aptitudes. Comme nous l'avons déjà dit, Mme Dautry ne mettait pas en œuvre les ressources infinies de leur utile activité seulement pour leur apprendre à lire et à compter ; mais elle avait pour but, comme le recommande la loi autrichienne : « de donner aux enfants la culture morale et religieuse, de développer leurs facultés intellectuelles, de les munir des connaissances nécessaires pour leur progrès ultérieur dans la vie, enfin de commencer l'éducation qui doit faire d'eux des hommes de bien et des membres utiles à la société. » Son enseignement donnait des clartés de tout et fortifiait ce qu'en Allemagne on appelle *la force éducative.*

Ces fonctions si occupantes ne lui faisaient

pourtant pas négliger ses devoirs personnels de religion. Elle était profondément et sincèrement pieuse, et elle faisait de Dieu l'aliment habituel de sa vie. Elle ne négligeait pas davantage le soin de son intérieur, le gouvernement de sa maison et tout ce qui se rattache à l'ordre et à l'économie du ménage : de sorte qu'on aurait pu lui appliquer l'éloge que saint Grégoire de Nazianze fait de sa mère : « Elle faisait tellement prospérer ses affaires domestiques, qu'on eût dit qu'elle ne s'occupait pas des choses du ciel ; et cependant elle était tellement pieuse, qu'elle paraissait demeurer étrangère à toutes les questions d'intérêt. Aucune de ces deux obligations ne nuisait à l'autre ; elles semblaient au contraire se fortifier et se perfectionner réciproquement. » C'est ainsi qu'elle se rapprochait merveilleusement de cet idéal de force et de vigueur dont les héroïnes chrétiennes ont donné de si beaux exemples.

Quand elle eut mérité la confiance de son mari : la confiance qui est l'âme de la vie, le bonheur de l'existence, le charme des rapports, le lien des cœurs ! elle chercha à l'amener à abandonner la maison qu'il possédait, pour servir de presbytère à la commune. La tâche était difficile : elle varia ses combinaisons avec toute la droiture d'une âme prudente ; et cette douceur, cette patience, cette conviction, ce tact exquis qu'ont les vraies chrétiennes, finirent par forcer tous les éléments contraires. Mon père céda ; et ce fut pour lui assurément un bien grand sacrifice, car il avait vu naître tous ses enfants dans cette chère demeure, et je venais d'y venir au monde, moi, son unique fils et son dernier enfant. Dieu aura eu sans doute pour très agréable son immolation au bien et au devoir. Lorsqu'une action généreuse se fait avec éclat, elle perd, pour l'ordinaire, beaucoup de son mérite, parce qu'il est presque impossible que la nature n'y trouve pas son compte, et que celui qui la fait ne s'y sente pas un peu porté par la réputation qu'elle lui donne ; mais ce qui se fait dans le fond d'un désert est bien plus agréable à Dieu. Une âme, en cet état, vide de tout ce qui paraît dans le monde, ne se remplit que de son Créateur ; elle ne pense qu'à lui plaire et qu'à lui marquer son amour ; ou, pour mieux parler, cette âme n'agit plus, c'est Dieu qui agit en elle. On n'a donc pas de peine à juger de l'excellence du mérite et de la sainteté de cette action, quand elle est faite de cette manière.

En l'année 1825, arriva, dans le nouveau presbytère, le premier curé d'Ouzouer-des-Champs : il se nommait Étienne Dhuisme ; il était le fils d'un bon laboureur de Saint-Laurent-des-Eaux, commune des environs de Blois. Ce bon prêtre, d'une gaieté et d'une familiarité décentes, d'un esprit sociable et liant, d'une humeur accommodante et facile, d'un caractère plein de candeur et de loyauté, se concilia facilement toute la population. Sa vertu constamment douce, accueillante, aimable, jamais froide, sombre ni austère, édifiait tout le monde. Il comprenait que la vie claustrale n'est pas celle qui convient au curé de nos jours ; qu'il ne saurait se rendre utile en vivant dans une complète ignorance de l'état de ses paroissiens, de leurs besoins, de leurs tendances, de leurs goûts, de leurs croyances et de leurs préjugés. Il les visitait donc, mais il ne paraissait chez eux qu'avec des intentions pures et une dignité vraiment sacerdotale. En se mêlant ainsi un peu aux hommes, il éclairait l'ignorance des uns ; il dissipait les doutes et les préjugés des autres ; il combattait toutes ces objections vulgaires qui, bien qu'usées, ne laissent pas de faire impression ; et, dans ses rapports avec les incroyants, il savait toujours trouver l'heureuse occasion de jeter, parmi l'ivraie de leurs fausses idées, un grain de vérité que la bénédiction du ciel fécondait plus tard.

Toutefois, s'il se mêlait un peu au monde, il savait ne pas se fondre avec lui, et la sainteté du sanctuaire le suivait hors du lieu saint : sur son passage, ses paroissiens recueillaient au moins ce peu d'or du cœur qu'on appelle un bon sentiment, une larme d'émotion pour ce qui est bien, une pitié pour ce qui est mal, une contemplation pieuse de la nature, une admiration de son auteur, une résignation à ses décrets, une foi dans sa providence, une évidence de leur immortalité. Ses visites n'étaient pas des fréquentations, elles étaient des apparitions prudemment calculées pour savoir où porter principalement les secours de son ministère, et pour discerner les opportunités qui lui rendaient les âmes accessibles. Étant vu rarement et à une certaine distance, il était toujours vu sous un jour plus favorable, surtout parce qu'il ne se laissait voir que dans les fonctions de son ministère et à travers les nuages de l'encensoir. C'est ainsi qu'il sanctionnait ce souhait du célèbre homme d'État Guizot : « Il faut guérir la haine antireligieuse, rapprocher l'esprit chrétien et l'esprit du siècle, l'ancienne religion et la société nouvelle, mettre un terme à leur hostilité, les ramener l'une à l'autre à se comprendre et à s'accepter réciproquement. »

Le curé, le maire et l'instituteur sont les trois piliers naturels de toute commune, et leur accord est nécessaire à la paix et au bien de tous : ils forment, selon le mot d'un politique éminent, « comme les trois côtés d'un triangle, et on ne peut en fausser un sans détruire du même coup l'harmonie de l'ensemble. » A l'époque où M. Dhuisme arrivait à Ouzouer-des-Champs, toutes les communes bien constituées s'appuyaient sur ces trois sortes d'autorités : le presbytère, l'école et la mairie. Cette triple puissance embrassait et concentrait toute l'administration. Le sage curé s'empressa d'user envers son maire et son institutrice de bonté, de bienveillance, de ménagements et de tous les procédés les plus honnêtes. Avec M. Morillot de Lacange particulièrement, il fut toujours dans les rapports de noble indépendance en ce qui concernait les choses de Dieu, mais de douceur et de conciliation dans tout le reste. Il ne briguait pas l'influence, il ne luttait pas de puissance dans la commune ; il n'oubliait jamais que son autorité commençait et finissait au seuil de son église, au pied de son autel, dans la chaire de vérité, sur la porte de l'indigent et du malade, au chevet du mourant. Là il sentait qu'il était l'homme de Dieu ; partout ailleurs on le voyait le plus humble et le plus inaperçu des hommes, n'oubliant pas cette maxime d'un publiciste : « Si le prêtre veut être environné de la vénération publique, il faut qu'il ne se mette ni dans le monde, ni dans les affaires humaines. Il est comme un vase sacré, et c'est le profaner que de l'employer aux usages du siècle. »

Mais où M. Dhuisme fut surtout admirable, ce fut dans le noble dévouement par lequel il se donna à sa paroisse, sans partage, sans mesure et sans fin. Il s'attendrissait sur tous les maux : son visage vénérable reflétait la douce piété et la tendre commisération de son cœur envers toutes les infortunes. Il prenait toutes les misères sous sa paternelle protection ; il vouait, en quelque sorte, un culte au malheur ; il épiait enfin toutes les nécessités de la pauvre espèce humaine, pour n'en laisser aucune sans adoucissement et sans remède. S'il voyait un pauvre, il se rappelait immédiatement cette parole de La Bruyère : « Le plus fort et le plus difficile, c'est de donner ; que coûte-t-il d'y ajouter un sourire ? » Il donnait donc, mais il joignait à son aumône une parole de foi, de douceur et de charité, adressée avec l'accent d'une bonté compatissante.

S'il visitait un malade, il savait mêler quelques

mots d'espérance pour le temps à des paroles de vie pour l'éternité ; et, dans l'occasion, l'aumône matérielle servait comme de passe-port à l'aumône morale. Ses paroles et ses bénédictions rendaient la paix au cœur du pauvre souffrant, éclairaient d'un rayon d'espérance sa couche funèbre et l'environnaient des consolations de l'immortalité, jusqu'au moment où il le déposait aux pieds du Dieu des miséricordes.

Toutes les ressources humaines sont impuissantes contre les grandes adversités de la vie, par exemple pour consoler une pauvre mère éplorée à la vue du linceul d'un fils unique et bien aimé ; une épouse en présence du cercueil d'un mari tendrement chéri auquel elle est condamnée à survivre. Il y a là un vide affreux qu'il n'est pas au pouvoir de l'homme de dissimuler ni de remplir. On ne peut échapper à d'aussi amers chagrins que par une issue, la foi. La foi, espoir consolateur de quiconque a perdu tout espoir, asile toujours ouvert à l'homme inconsolable et délaissé, remède seul efficace dans les profondes infortunes. Dans ces douloureuses circonstances de la vie, ce prêtre selon le cœur de Dieu savait, d'une main, sécher les pleurs des affligés, raffermir leur courage abattu, et de l'autre leur montrer le ciel. Oh! comme il était satisfait quand il avait pu les rendre un peu plus résignés ou un peu moins malheureux, quand surtout il avait pu faire éclore un rayon de céleste espérance dans ces âmes abîmées par le chagrin !

Vénérable par sa prudence, vénérable par sa charité, M. Dhuisme fut vénérable enfin par l'intégrité de ses mœurs. « Dans l'homme, dit Châteaubriand, la virginité prend un caractère sublime. Troublée par les orages du cœur, si elle résiste, elle devient céleste. » « Une âme chaste, dit saint Bernard, est par vertu ce que l'ange est par nature. Il y a plus de bonheur dans la chasteté de l'ange, mais il y a plus de courage dans celle de l'homme. »

Mais si la chasteté est nécessaire quelque part, c'est dans le service de la divinité. « Dieu, dit Platon, est la véritable mesure des choses, et nous devons faire tous nos efforts pour lui ressembler. » L'homme qui s'est dévoué à ses autels est plus obligé qu'un autre. « Il ne s'agit pas ici, dit saint Jean Chrysostome, du gouvernement d'un empire ou du commandement des soldats, mais d'une fonction qui demande une vertu angélique. L'âme d'un prêtre doit être plus pure que les rayons du soleil. » « Le ministre chrétien, dit encore saint Jérôme, est l'interprète entre Dieu et l'homme. » Il faut donc qu'un prêtre soit un personnage divin : il faut qu'autour de lui règnent la vertu et le mystère ; retiré dans les saintes ténèbres du temple, qu'on l'entende sans l'apercevoir ; que sa voix solennelle, grave et religieuse, prononce des paroles saintes ou chante des hymnes de paix dans les profondeurs du tabernacle ; que ses apparitions soient courtes parmi les hommes ; qu'il ne se montre au milieu du siècle que pour faire du bien aux malheureux. C'est à ce prix qu'on accorde au prêtre le respect et la confiance.

Le prêtre chaste est une sorte de divinité : Priam, vieux comme le mont Ida, et blanchi comme le chêne du Gargare, Priam dans son palais, au milieu de ses nombreux fils, offre le spectacle le plus auguste de la paternité ; mais Platon, sans épouse et sans famille, assis au pied d'un temple sur la pointe d'un cap battu des flots ; Platon enseignant l'existence de Dieu à ses disciples, est un être bien plus divin : il ne tient point à la terre ; il semble appartenir à ces intelligences supérieures dont il nous parle dans ses écrits. Voilà le modèle du prêtre aux mœurs innocentes et pures.

Jusqu'à l'arrivée de M. Dhuisme dans la commune d'Ouzouer-des-Champs, les araignées filaient dans le confessionnal, et, au beau jour de Pâques, le Dieu de l'eucharistie ne quittait pas le saint tabernacle. Mais avec un si saint prêtre, bon comme le pain, franc comme l'or, pieux comme un saint, pur comme un ange ; avec une institutrice qui avait tant de vertus dans l'âme et qui savait les mettre si profondément au cœur de ses élèves, cette parole d'Horace se réalisa bien vite : « Les bons sont créés par les bons. » Ouzouer se transforma et ses habitants montèrent à la lumière et à la vertu.

Tel avait été M. Dhuisme à Ouzouer-des-Champs, tel il fut à Vitry-aux-Loges, sa deuxième et dernière paroisse. Après avoir porté, pendant de longues années, l'étole pastorale avec le plus grand honneur, il s'achemina calme et presque heureux vers la mort. Entouré du respect et de l'affection de ses paroissiens, rassuré sur son avenir par tous les bienfaits qui avaient marqué chaque heure de sa vie, soutenu par les divines promesses de la religion, il descendit paisiblement dans la tombe avec la foi et l'espérance du réveil éternel.

CHAPITRE XIX.

COMMENT MADAME DAUTRY REMPLISSAIT SES DEVOIRS DE MÈRE DE FAMILLE.

Tendre et flexible comme une jeune plante, l'enfance prend les formes qu'on lui donne et obéit volontiers à la direction qu'on lui imprime ; c'est une cire molle, une pâte ductile qu'on pétrit à son gré ; c'est un ruisseau encore voisin de sa source et dont il est aisé de régler le cours. Alors tous les sentiments, toutes les inclinations sont à faire naître. Les propensions vicieuses n'ont pas jeté de racines dans le cœur ; on ne rencontre presque rien à rectifier, à combattre ou à refondre : le caractère tout entier est à composer. Voilà l'heure favorable pour graver dans l'esprit et la conscience des enfants les principes qui doivent les former.

Si Mme Dautry ne laissa pas échapper ce moment précieux où la raison commence à luire et le sentiment à s'éveiller pour graver de bonne heure la religion dans l'âme de ses élèves, cette religion sainte qui seule crée le sentiment du devoir, inocule l'amour de la vertu, produit la lutte du bien contre le mal, et la résistance aux impulsions abjectes et charnelles, ce fut surtout quand elle eut goûté le plus grand bonheur qui soit ici-bas pour une épouse chrétienne, celui d'être mère, et quand elle eut vu ses enfants se suspendre à son cou et sourire à ses caresses, qu'elle comprit encore bien davantage le prix de ces instants passagers et rapides qui offrent à l'éducation des âmes dans leur pureté native et, partant, bien disposées à recevoir des impressions salutaires.

Sitôt donc que ses enfants commencèrent à donner quelques signes d'intelligence, sa sollicitude augmenta : elle sentit qu'il ne s'agissait plus pour elle de s'occuper uniquement de leur santé et de leurs besoins matériels, mais qu'il fallait s'appliquer à cultiver leur esprit, à former leur cœur et à orner leur âme en y faisant germer la vertu. C'était sur ses genoux qu'elle nous apprenait à bégayer les saints noms de Dieu, de Jésus et de Marie ; venaient ensuite le doux nom de notre père et le sien. Elle commençait par Dieu, d'abord parce que Dieu est le père suprême de la grande famille humaine et que nos parents ne font que coopérer avec lui à l'œuvre de notre création, ensuite parce qu'elle comprenait l'importance de cette parole sacrée : « Celui qui craint le Seigneur honorera son père et sa mère, et il servira comme ses maîtres ceux qui lui ont donné la vie. » A mesure que nous grandissions, les actes qui rendaient Dieu présent et même sensible à nos âmes s'accomplissaient vingt fois par jour sous nos yeux : le matin, le soir, avant et après nos repas, elle nous faisait faire de courtes prières. A notre réveil, ses genoux étaient notre autel familier ; elle commençait par guider nos petites mains pour nous exercer à former le signe de la croix ; puis elle nous les faisait joindre pieusement, et alors son doux regard nous enveloppant, pour ainsi dire, d'une atmosphère du ciel ici-bas, elle nous faisait dire avec elle ces touchantes paroles : « Mon Dieu, je vous donne mon cœur, mon corps, mon âme, ma vie, mon esprit et tout ce que je suis. Prenez-les, s'il vous plaît, afin qu'aucune créature ne puisse les posséder que vous seul, mon doux Jésus. »

Cette habitude que notre mère nous donnait de faire au Seigneur l'offrande entière de nous-mêmes et de tout ce que nous avons est fondée sur l'enseignement de l'Église : « Je vous conjure, par la miséricorde de Dieu, disait le grand apôtre aux Romains, d'offrir vos personnes comme une hostie vivante, sainte, agréable à Dieu. » Elle est fondée aussi sur la raison, car nous ne pouvons pas nous dissimuler que le Tout-Puissant étant l'auteur de notre être, il ne soit l'arbitre de nos destinées, et qu'il n'ait sur nous le pouvoir qu'a l'ouvrier sur l'argile qui est entre ses mains. C'est ce qui faisait dire au sage Démétrius de Phalère : « Dieu immortel, voulez-vous prendre mes enfants? c'est pour vous que je les ai élevés. Voulez-vous quelque partie de mon corps? disposez-en: je n'offre pas grand'chose ; bientôt je m'en séparerai tout entier. Voulez-vous ma vie? pourquoi non? Je ne ferai pas de difficulté de vous laisser reprendre ce que vous m'avez donné. C'est de mon plein gré que vous emporterez tout ce que vous demanderez. Oui, sans doute, j'aurais mieux aimé offrir qu'abandonner. Qu'est-il besoin d'enlever ce que vous pouvez recevoir ? Cependant, même aujourd'hui, vous ne m'enlevez rien ; car on n'arrache qu'à celui qui retient. Je ne suis en rien contraint ; je n'endure rien malgré moi ; je n'obéis point à Dieu ; je suis d'accord avec lui. »

Après cette oblation de tout ce que nous avions

et de tout ce que nous étions, venait la prière à l'ange gardien :

> Ange, mon protecteur, ne m'abandonnez pas :
> Eclairez mon esprit, et conduisez mes pas :
> Procurez mon salut, mon divin tutélaire ;
> Inspirez-moi toujours le désir de bien faire.

A proportion que notre langue se déliait, notre mère nous apprit, avec la même piété et la même persévérance, les prières les plus usuelles de la religion ; et comme nous avions le bonheur de voir, chaque matin et chaque soir, notre père et notre mère à genoux joindre l'exemple au précepte, naturellement crédules, flexibles et imitateurs comme tous les enfants, nous croyions à la parole de notre mère et à l'autorité de notre père, et nous adoptions de confiance la foi de ceux qui nous entouraient.

Une mère qui apprend à prier à son enfant est l'image à la fois la plus sublime et la plus tendre qu'on puisse se figurer. Alors la femme élevée au-dessus des choses de ce monde ressemble à ces anges qui, nos frères et nos gardiens dans cette vie, nous suggèrent nos vertus et corrigent nos vices. Dans l'âme de l'enfant se grave, avec le portrait de sa mère, la prière qu'elle lui a enseignée, l'invocation au Père qui est dans le ciel.

Lorsque les séductions du monde viendront le conduire à l'iniquité, il trouvera la force de leur résister en invoquant ce Père qui est dans le ciel. Jeté au milieu des hommes, il rencontre la fraude sous le manteau de la loyauté ; il voit la vertu dupée, la générosité raillée, la haine furieuse, et tiède l'amitié ; frémissant, il va maudire ses semblables..... Mais il se souvient du Père qui est dans le ciel. A-t-il, au contraire, cédé au monde? l'égoïsme et ses bassesses ont-ils germé dans son âme ? Au fond de son cœur résonne une voix, une voix austèrement tendre, comme celle de sa mère lorsqu'elle lui enseignait à prier le Père qui est dans le ciel. Il traverse ainsi la vie, puis, au lit de la mort, abandonné des hommes, entouré seulement du cortège de ses œuvres, il revient encore, en pensée, à ses jours enfantins, à sa mère, et il meurt plein d'une tranquille confiance dans le Père qui est au ciel.

Après avoir fait répéter la prière à ses enfants, Mme Dautry les déshabillait elle-même, aimable travail qui n'est jamais une fatigue pour les mères, mais la plus suave des douceurs ; elle les couchait, les baisait, et, avec l'effusion de la tendresse maternelle, elle s'écriait : « Vous serez vertueux. »

Bientôt après nous abandonnions nos paupières

à ce sommeil béni de l'enfance, qui s'endort sans une pensée entre les bras des anges, et qui sans une pensée se réveille....., Heureux jours ! les plus beaux de la vie, et qu'on passe sans les goûter !

Si à certains jours de fêtes ou de réunions d'amis, la table se trouvait un peu plus copieusement servie que d'habitude, après la petite prière d'usage : « Que Jésus-Christ répande sa bénédiction sur nous et sur la nourriture que nous allons prendre, » notre mère nous donnait avec gravité cette courte leçon de morale : « Mes enfants, pour que le bon Dieu vous bénisse, vous et la nourriture que vous allez prendre, rappelez-vous que vous avez deux convives à satisfaire, le corps et l'âme. Le corps doit recevoir la nourriture dont il a besoin, et l'âme doit veiller à ce que les limites de la tempérance ne soient point franchies. »

Quand nous fûmes un peu plus grands, notre prévoyante mère ne négligea rien pour gagner de vitesse le développement des passions de ses enfants ; elle veillait à la garde de leur cœur ; elle en réglait les désirs ; elle cherchait à prévenir l'invasion des vices qui pouvaient s'y révéler ; surtout elle chercha à fortifier leur foi. C'est que, dans le jardin de la vie, s'il est une fleur nécessaire, c'est celle de la foi, et que là où ne croît pas cette plante céleste, bien d'autres fleurs se déssèchent rapidement, surtout celle du vrai bonheur.

Si on eût pénétré dans la maison où nous avons été élevés, on aurait vu, à certaines heures et tous les jours, notre mère nous enseigner le catéchisme. Dans ces circonstances solennelles où elle s'appliquait à faire de nous des créatures de Dieu en esprit et en vérité, elle n'agissait pas par voie d'autorité ni de commandement, mais elle cherchait à aller à notre intelligence et à notre cœur par les seuls moyens de la persuasion et de la conviction. « La violence ne persuade personne, dit Lamennais ; elle détourne de la religion et la rend suspecte à bon droit. La vérité et la charité sont deux sœurs divines à qui Dieu à dit : Allez, et ne vous séparez jamais. Tel doit être l'enseignement de la religion dont l'amour est le sommaire. On cède quelquefois à la force ou à la peur ; on plie sous elle, mais elle n'atteint pas la pensée et le cœur. En matière de foi et de conscience, tout ce que la force impose est mauvais et fragile. » Notre bonne mère suivit toujours cette sage règle de conduite : la sève divine coulait de son cœur dans le nôtre ; il s'établissait entre elle et nous une identité de pensées, de sentiments et de croyances, parce qu'elle semblait nous dire comme autrefois La Harpe à ceux que sa conversion étonnaient : « J'ai examiné ; examinez aussi, et vous croirez comme moi. »

Afin de mettre le dernier trait à la conscience de ses enfants, Mme Dautry passait de la foi à la pratique des devoirs. La religion, dans son décalogue, offre un corps complet de préceptes qui en fait le plus magnifique chef-d'œuvre de morale qu'on puisse imaginer. Tout ce qu'il y a de beau, de bon, d'honnête, de juste, de saint, de noble et de parfait, elle l'impose ou le conseille. Elle a, dans sa vaste et sage économie, tout embrassé, tout prévu, tout réglé : pas un devoir qu'elle ne prescrive, une vertu qu'elle ne recommande, une action louable qu'elle ne préconise, une règle de sagesse qu'elle n'ait tracée ; en sorte que l'ensemble de son enseignement forme le plus admirable code de législation que la divine providence pouvait donner aux hommes, et le chrétien qui calquerait sur l'Évangile ses sentiments et sa conduite serait le type accompli de la sainteté et le bel idéal de la perfection.

Il y a une école impie qui prétend substituer la philosophie au christianisme, se vantant d'avoir établi un code de morale égal en excellence à celui du décalogue. Eh bien! qu'elle pèse ces paroles de Jean-Jacques Rousseau : « Je ne sais pourquoi on veut attribuer aux progrès de la philosophie la belle morale de certains livres philosophiques ; cette morale était chrétienne avant d'être philosophique. Tout ce qu'il y a de bon dans les lois et les mœurs de nos sociétés modernes a été exprimé de la substance du christianisme : c'est un emprunt fait à l'Évangile. »

Lois de Dieu, que vous ressemblez peu à celles des hommes ! Éternelles comme le principe dont vous êtes émanées, c'est en vain que les siècles s'écoulent ; vous résistez aux siècles, à la persécution et à la corruption même des peuples. Tandis que les formes des royaumes passent et se modifient, que le pouvoir roule de main en main au gré du sort, quelques chrétiens, restés fidèles au milieu des inconstances de la fortune, continuent d'adorer le même Dieu, de se soumettre aux mêmes lois, sans se croire dégagés de leurs liens par les révolutions, le malheur et l'exemple. Quelle religion dans l'antiquité n'a pas perdu son influence morale en perdant ses prêtres et ses sacrifices ? Où sont les mystères de l'antre de Trophonius et les secrets de Cérès-Éleusine ? Apollon n'est-il pas tombé avec Delphes, Baal avec Babylone, Sérapis avec Thèbes, Jupiter avec le Capitole? Le christianisme seul a souvent vu crouler les édifices où se célébraient ses pompes sans être ébranlé de la chute. Jésus-Christ n'a pas toujours eu des temples; mais tout est temple au Dieu vivant, et la maison des morts, et la caverne de la montagne, et surtout le cœur du juste. Jésus-Christ n'a pas toujours eu des autels de porphyre, des chaires de cèdre et d'ivoire, et des heureux pour serviteurs; mais une pierre au désert suffit pour y célébrer ses mystères, un arbre pour y prêcher ses lois et un lit d'épines pour y pratiquer ses vertus,

Avant de nous faire réciter ce divin décalogue, notre mère nous faisait adresser à Dieu cette ardente prière: « Gravez, ô mon Dieu! votre loi au fond de mon cœur; faites-moi connaître vos saints commandements; donnez-moi la grâce de les aimer et la force de les pratiquer. » Puis venait l'explication de ces commandements divins, selon les besoins de notre âge et les règles de la plus sage prudence, Il est des liqueurs qui soutiennent et fortifient l'homme arrivé à la maturité de l'âge, et qui tueraient l'être débile dont le tempérament ne supporte encore que la liqueur du sein maternel. C'est ce principe de sagesse vulgaire qu'on doit mettre dans la pratique de la vie, et en particulier dans l'éducation des enfants. Maintes fois une science intempestive, inopportune et prématurée a porté dans l'âme de la jeunesse les plus affreux ravages.

Parfois elle ajoutait, en terminant son petit traité de morale : « Ah ! mes enfants, vous me feriez mourir de chagrin, si je vous voyais un jour désobéir gravement à ces commandements du bon Dieu. » Hé ! comment n'eussions-nous pas écouté notre mère ? Dans notre maison, nous étions traités avec une sorte de respect, et il ne s'y faisait rien, il ne s'y disait rien qui pût nous apprendre le mal. Notre père et notre mère n'étaient pas du nombre de ces gens dont un poète a dit :

Toujours faux, toujours vains, toujours pleins d'injustices,
    Nous crions dans tous nos discours
Contre les passions, les faiblesses, les vices
    Où nous succombons tous les jours.

Mais le conseil que Plutarque donne aux parents y était suivi rigoureusement : « Il faut que le père, non seulement en s'abstenant du mal, mais aussi en ne faisant que des actions honnêtes, offre en sa personne à ses enfants un modèle à suivre, en sorte qu'examinant sa vie, comme on regarde dans un miroir, ils évitent avec soin tout acte, tout discours honteux. Car si, commettant les mêmes fautes, il réprimande vivement ses enfants pris en défaut, il semble ignorer que c'est lui-même qu'il censure sous le nom des enfants. » Hélas ! pourquoi faut-il que des parents chrétiens oublient si souvent cette maxime du poète latin Juvénal : « On ne saurait trop respecter l'innocence d'un enfant. Si vous voulez blesser la pudeur, ne méprisez pas le jeune âge ; mais que la pensée de l'enfance se dresse devant vous, pour arrêter la parole ou l'action mauvaise.

Maxima debetur puero reverentia. Si quid
Turpe paras, ne tu pueri contempseris annos ;
Sed peccaturo obstet tibi filius infans.

D'excellentes mères de famille pourront peut-être dire : Nous avons donné les bons principes dont vous nous parlez à nos enfants ; nous croyons aussi leur avoir donné de bons exemples ; et, cependant, ils se sont dérangés du droit chemin. Eh bien ! nous leur répondrons : Aimez-les toujours, ces chers enfants ; priez pour eux, et le temps qui est toujours du parti de ceux qui savent attendre, viendra à votre aide. Assurément, hélas ! le jeune homme et la jeune fille pourront, malgré la salutaire influence de leurs bons principes, dévier quelquefois des sentiers de la vertu, parce qu'ils ne jouissent pas du privilège de l'impeccabilité : les passions sont souvent si impétueuses et si séduisantes ! Mais, du moins, la religion sème d'utiles remords qui effraient le vice, font verser en secret aux coupables des larmes de douleur, et déterminent tôt ou tard leur amendement. Oui, et l'expérience est là, les enfants qui ont puisé des sentiments chrétiens à l'école d'une vertueuse mère, qui ont toujours été à même d'apprécier les sages exemples d'un honorable père, aspirent naturellement et comme irrésistiblement aux croyances si chères de leur enfance. C'est ce que prouvent ces paroles de Quintilien : « Nous retenons avec ténacité ce que nous avons appris dans nos premières années, comme la saveur dont on imprègne un vase neuf se conserve longtemps, comme la couleur que la laine reçoit en échange de sa couleur naturelle est indestructible. » Ils s'égareront momentanément peut-être, ces chers enfants, leur vertu pourra faillir ; mais du moins leur foi ne périra point dans le naufrage de leurs mœurs, et certainement elle se réveillera : le retour est comme infaillible.

N'en doutez donc pas, mères chrétiennes, vous pouvez prendre sur vos enfants une puissante influence par vos exemples, par vos conseils, par votre bonté, votre patience, et surtout par la prière. Sans doute, lorsque l'enfant arrive à un certain âge, il semble que son intelligence vous échappe et que les rênes de son esprit vous soient enlevées; et cependant votre pouvoir est plus fort et plus étendu qu'il ne paraît. Votre action sur le cœur, si vous savez le conduire sagement, est incessante; et votre parole, quand elle est inspirée par l'amour maternel, est une rosée qui sait toujours trouver les racines de la vie, même de la vie intellectuelle. Le cœur et l'âme influent plus qu'on ne croit sur les convictions; et lorsque la mère a su ménager les cordes du cœur, rien n'est entièrement perdu. Un doux regard, un conseil affectueux, un noble et douloureux silence, opéreront quelquefois des prodiges sur une âme qui aura échappé aux plus éloquentes prédications. Le souvenir de sainte Monique a peut-être plus fait, après la grâce, pour la conversion de saint Augustin, que tous les autres moyens extérieurs.

CHAPITRE XX.

LES ÉPREUVES ET LES TRIBULATIONS DE MADAME DAUTRY.

Il n'est point d'homme qui ne soit la dupe de l'idée qu'il se forme du monde en y entrant. D'abord on ne marche que sur des fleurs; tout sourit, tout est beau. Si nous sommes bien nés, nous restons persuadés, jusqu'à vingt ans, qu'il n'y a pas un malhonnête homme sur la terre, et nous nous figurons que notre bonheur croîtra toujours.

Que ce rêve est brillant! mais, hélas! c'est un rêve.

Ces préjugés sont pourtant bien flatteurs : pourquoi faut-il qu'ils soient faux! Ah! de si douces erreurs ne nous séduisent pas longtemps. A peine notre âge avance-t-il un peu, que nous nous embarquons imperceptiblement dans un genre de vie dont les détails nous exposent à devenir tôt ou tard la victime de tous les caprices de la fortune.

> J'ai vécu ; j'ai passé ce désert de la vie,
> Où toujours sous mes pas chaque fleur s'est flétrie ;
> Où toujours l'espérance, abusant ma raison,
> Me montrait le bonheur dans un vague horizon.

Écoutons ce cri de détresse, cette plainte lamentable qui s'élève de tous les points de la terre et se prolonge de siècle en siècle ; c'est la voix du monde : *Le bonheur n'existe pas ici-bas.*

> Que l'homme est bien pendant sa vie
> Un parfait miroir de douleurs !
> Dès qu'il expire, il pleure, il crie
> Il semble prévoir ses malheurs.

Sur un tel sujet, les plaintes et les pensées des plus grands génies ne nous font point défaut. Citons, entre mille, ces paroles de Sénèque ; elles font assez ressortir la misère de la vie humaine : « Nous sommes sous la tyrannie dure et inflexible de la fortune, destinés à endurer, suivant son caprice, de bons et de mauvais traitements. Elle usera et abusera de nos corps avec violence, avec outrage, avec cruauté. Elle brûlera les uns, ou pour les châtier, ou par accident; les autres, elle les ballottera nus sur la mer, et quand ils auront lutté contre les vagues, au lieu de les pousser sur la grève, elle les jettera dans le ventre de quelque cétacé. D'autres, amaigris par toutes sortes de maladies, elle les tiendra longtemps suspendus entre la vie et la mort. Inconstante et capricieuse, maîtresse insouciante de ses esclaves, elle distribuera au hasard peines et récompenses. A quoi bon déplorer les divers moments de la vie? Tout entière elle est lamentable. De nouveaux maux nous pressureront avant que les anciens aient passé. Qu'est-ce que l'homme? Un vase fêlé et frêle ; pour l'anéantir, il n'est pas besoin d'une tempête : le moindre choc suffit. Qu'est-ce que l'homme? Un corps faible, débile, nu, naturellement désarmé, ne pouvant se passer de secours extérieurs, exposé à toutes les injures de la fortune ; devenant, malgré tous ses efforts, la pâture d'une bête féroce, la victime du premier venu ; composé d'éléments fluides et sans consistance, d'une peau délicate, de sorte qu'il est incapable de supporter le froid, le chaud, la fatigue ; d'un autre côté, tombant dans le dépérissement par l'inaction et l'oisiveté ; ayant à craindre même ses aliments, dont la privation le fait souffrir, dont l'excès le tue ; toujours perplexe et inquiet, d'un caractère incertain et en désaccord avec lui-même. Nous nous étonnons après cela quand la mort fait une victime, comme si nous ne devions pas tous lui payer tribut. Est-ce qu'il faut un grand effort pour abattre l'homme ? Odeurs, saveurs, lassitude, veille, humeurs, nourriture, tout ce sans quoi il ne peut vivre, tout lui est mortel. Quelque mouvement qu'il fasse, il est averti de sa faiblesse ; souvent éprouvé par les climats, frappé de maladie pour boire une eau qui lui est nouvelle, pour respirer un air dont il n'a pas l'habitude, ou pour d'autres causes plus futiles encore ; enfin sujet à la corruption, et commençant sa vie par les larmes. Ah! personne ne voudrait de la vie, si on la connaissait en la recevant. »

Nous trouvons la même pensée chez un autre moraliste païen, un personnage presque mythologique, tant il se perd dans la nuit des temps. Le vieux Silène, fait prisonnier par le roi Midas et interrogé par lui sur ce qu'il y avait de meilleur pour l'homme, garda longtemps le silence ; enfin, forcé de parler, il répondit : « Le meilleur est de ne pas naître ; ensuite, de périr au plus tôt. »

Nous lisons dans la sainte Écriture que le sant homme Job, lui aussi, tint le même langage : « Pourquoi, ô mon Dieu ! m'avez-vous tiré du ventre de ma mère, et pourquoi ne suis-je pas mort sans avoir été vu de personne ! J'aurais été comme n'ayant point été, n'ayant fait que passer du sein de ma mère au tombeau. »

>Ah ! périsse à jamais le jour qui m'a vu naître !
>Ah ! périsse à jamais la nuit qui m'a conçu,
>   Et le sein qui m'a donné l'être,
>   Et les genoux qui m'ont reçu !
>Que du nombre des jours Dieu pour jamais l'efface :
>Que, toujours obscurci des ombres du trépas,
>Ce jour parmi les jours ne trouve plus sa place !
>   Qu'il soit comme s'il n'était pas !
>Maintenant dans l'oubli je dormirais encore,
>   Et j'achèverais mon sommeil,
>Dans cette longue nuit qui n'aura point d'aurore,
>Avec ces conquérants que la terre dévore,
>Avec le fruit conçu qui meurt avant d'éclore,
>   Et qui n'a pas vu le soleil.

Et cependant, Job, en s'exprimant ainsi, n'était pas ingrat envers l'auteur de son existence, mais il employait une locution vulgaire, pour donner une idée des misères infinies de la vie humaine ; car jamais un homme rempli de perfections et de vertus comme lui n'a été mis au désespoir par la mauvaise fortune. Jamais il ne s'est attristé outre mesure des accidents de la vie : se regardant comme un citoyen du ciel et comme un soldat de Dieu, il subit ses peines et ses travaux comme une suite de ses devoirs. Quoi qu'il lui survienne de fâcheux, il ne le rejette pas comme un mal ou comme un effet du hasard, mais il le regarde comme un ordre de Dieu,. Aussi, est-on nécessairement forcé de trouver grand cet homme que l'infortune ne fait point gémir, qui jamais ne se plaint de son sort, qui s'attire les regards de tout le monde par sa tranquillité, sa douceur, son équité à remplir ses devoirs envers Dieu et les hommes. Son âme alors est parfaite, elle est arrivée à la perfection dont elle est susceptible, et au-dessus de laquelle il n'y a plus que l'intelligence divine dont une partie est descendue dans ce cœur mortel. Cet homme n'est jamais plus divin que lorsqu'il pense à sa mortalité, qu'il sait qu'il est né pour mourir, que son corps n'est point une demeure fixe, mais une hôtellerie, et encore même une hôtellerie où il ne doit pas séjourner. C'est ainsi que ce sage éprouvé par l'adversité se rappelle d'où il est venu et où il doit retourner.

Mme Dautry devait, comme tout le reste des hommes, arroser son pain de ses sueurs et de ses larmes; mais, chrétienne parfaite, elle demeura en paix dans l'adversité, jusqu'à ce que, les ombres déclinant, elle découvrit l'aurore d'un jour nouveau. Son mari était parvenu à cet âge heureux et paisible où la raison est dans tout son plein : ses jours étaient beaux, ses nuits douces, et sa vie coulait légèrement ; il aurait dû dire avec un sage poète du xviie siècle :

> Soumis aux lois, libre du reste,
> Je me suis proposé toujours
> De suivre le tranquille cours
> D'une vie égale et modeste,
> Où m'accommodant à mon sort,
> Ne comptant pour rien de paraître,
> Et de mes désirs rendu maître,
> Je vécusse à moi-même en attendant la mort.
> Maintenant, grâces à mon âge,
> Grâces à la droite raison
> Qui ne luit jamais davantage
> Que dans notre arrière-saison,
> Exempt de crainte, exempt d'envie,
> Satisfait d'un modique bien,
> Je persiste à mener la vie
> D'un homme qui n'aspire à rien.
> Je ne fais la cour à personne ;
> De la paix de l'esprit je goûte les plaisirs,
> Et je jouis dans mon automne
> De l'indépendance que donne
> Le retranchement des désirs.

Malheureusement le germe de l'ambition qui est dans tous les cœurs, et qui n'attend que les plus légères occasions pour se développer et se féconder, pour étendre ses pernicieuses racines et pour produire des fruits bien amers à la société et à nous-mêmes, finit par envahir ses idées. On avait un peu d'argent à la maison et un joli petit bien dans le pays ; on habitait une maisonnette confortable, et, comme le dit si bien Lamartine, l'on s'asseyait à une

> Table riche des dons que l'automne étalait,
> Où les fruits du jardin, où le miel et le lait,
> Assaisonnés des soins d'une mère attentive,
> De leur luxe champêtre enchantaient le convive.

Tout cela finit par ne plus suffire à notre père : il rêva fortune, sans doute par amour pour nous, il nous aimait tant ! Il quitta donc ses travaux d'habitude, et il entreprit le commerce des grains. Dans cette délicate circonstance, notre judicieuse mère qui pesait tout, non au poids de la cupidité, mais selon les règles de la raison, ne se laissa diriger, selon sa louable habitude, que par cette sage prudence qui nous apprend à prévoir les disgrâces, à connaître nos vrais avantages et à modérer nos désirs ; elle chercha à démontrer à notre père son inexpérience dans la nouvelle entreprise, et le danger où il s'exposait de faire le naufrage de notre petite aisance. Mais voyant qu'elle ne parvenait pas à le convaincre, elle se résigna, sans jamais employer ni la parole acerbe, ni la discussion, ni les reproches ; au contraire, elle s'efforça d'être douce, patiente, dévouée, espérant qu'un jour viendrait où il ne résisterait plus à ses affectueuses observations.

Cependant ses douloureuses prévisions ne tardèrent pas à se réaliser : notre père, qui n'entendait rien aux graves questions sociales du protectionisme et du libre-échange, conclut des marchés très désavantageux. Sa sainte femme, témoin de nos désastres financiers, souffrait en silence et pleurait dans le secret de sa maison. Toutefois, elle ne se laissa pas abattre par l'infortune ; elle fit comme Horace, elle espéra que l'orage dont nous étions surpris passerait vite, et, pendant qu'il dura, *elle s'enveloppa de sa vertu*. Elle savait puiser dans un courage quotidien l'énergie nécessaire pour faire face à toutes les difficultés de la position, aux ennuis de tous les jours, aux préoccupations de toutes les heures, aux contrariétés incessantes ; elle résistait aux chocs si nombreux de la vie, aux tristesses de famille, aux froissements d'intérieur et à toutes ces peines intimes qui, semblables aux légions d'insectes en automne, assiégeaient continuellement son cœur ; elle présidait avec une sagesse imperturbable aux travaux de sa maison, aux détails du ménage, au soin de ses enfants, à la surveillance de ses élèves et à l'ordonnance de cette multitude de petites affaires qui se succèdent dans une famille aussi rapidement que les nuages dans le ciel. Sa force prenait cette énergie qui supporte le martyre à petit feu, le martyre de la vie de tous les jours ; le martyre où la nature s'immole et brûle sur l'autel du devoir : immolation sublime dont saint Ambroise disait : « Quel nombre inconnu de martyrs du Christ dans la secrète obscurité de la vie quotidienne ! » et saint Grégoire-le-Grand : « Si nous conservons la vraie patience au milieu des peines de la vie, nous sommes des martyrs, sans avoir besoin du glaive des bourreaux. »

Plus forte que le malheur, que les coups de la fortune, elle demeurait comme la colonne en mer pour soutenir, secourir et pour sauver les pauvres naufragés. Elle montra que quand une personne souffre courageusement l'adversité, elle a toutes les autres vertus à ses ordres, quoique la patience seule apparaisse. En effet, chez elle se trouve le courage dont la patience, la fermeté et la résignation ne sont que des rameaux ; chez elle est la prudence sans laquelle il n'y a point de résolutions fortes, et qui conseille de souffrir vertueusement ce qu'on ne peut éviter ; chez elle est la constance qui ne peut être ébranlée et qui ne lâche point son but, quelque violence qu'on lui fasse : chez elle enfin se trouve tout le cortège des vertus : tout ce qu'elle fait de bien est l'ouvrage d'une seule vertu, mais ouvrage fait de l'avis de toutes.

Parfois ses lèvres essayaient de dire encore la vérité à son mari, mais toujours bien tendrement et bien prudemment. A la longue, elle finit par l'amener à se rendre à une lumière si douce, si discrète et si vraie. Il en était bien temps, car la maison que nous habitions nous restait seule pour tout bien. Ah! dans ces crises qui ébranlent notre âme, Dieu à ses raisons, comme le dit fort bien Rousseau :

>Ainsi que le cours des années
>Se forme des jours et des nuits,
>Le cercle de nos destinées
>Est marqué de joie et d'ennuis,
>Le ciel par un ordre équitable
>Rend l'un à l'autre profitable,
>Et, dans ces inégalités,
>Souvent la sagesse suprême
>Sait tirer notre bonheur même,
>Du sein de nos calamités.

Notre mère pleura sur les afflictions dont sa vie fut alors abreuvée, et il n'y a pas lieu de s'en étonner, car la religion ne condamne pas des larmes si légitimes; elle nous apprend seulement à les sanctifier. Dieu, en la séparant des biens de ce monde, en détacha son cœur et l'unit plus fortement à lui : elle fit au Seigneur l'obscur et continuel sacrifice des petites joies et des petites aises de ce monde, et c'est là le plus grand de tous les sacrifices, c'est là le dernier comble de la grandeur humaine. Le monde ne vit que de la vertu des humbles et des obscurs qui s'immolent ainsi. « Il y a, dit un auteur, la même différence entre ces petits et les éclatants, qu'entre le fantassin, qui est la force de l'armée, et le grand gaillard emplumé qui conduit la musique. »

Ses peines la rendirent encore plus compatissante et plus sensible aux privations des autres; car c'est une vérité démontrée par l'expérience, que la misère est entre les hommes un des liens les plus forts. Il est étonnant, et cependant bien véritable, que la richesse donnée par la providence à quelques individus, endurcit le cœur et le rend insensible aux maux qu'elle devrait adoucir. Beaucoup trop de riches ressemblent à celui dont Jésus-Christ a fait une de ses paraboles : n'éprouvant pas la misère, ils semblent n'en avoir pas l'idée; ils voient uniquement l'intervalle que la fortune met entre eux et le pauvre ; ils ne considèrent pas les liens par lesquels la nature et la religion les en rapprochent. On se montre d'autant plus insensible au malheur, qu'on a et plus de moyens et plus d'obligations d'y remédier. Au contraire, les maux que l'on éprouve rendent sensibles à ceux des autres ; le cœur ouvert à la peine est plus accessible à la pitié ; ls besoin qu'on a de secours fait sentir plus vivement le devoir de secourir les autres. C'est ce qui faisait dire à Gaspar Schlick, qui fut chancelier de trois empereurs : « Je désirerais que tous les rois fussent pendant quelque temps des hommes privés et des pauvres, parce que celui qui n'a jamais été misérable n'est pas assez miséricordieux. »

Ajoutons que l'âme a besoin, pour se développer dans toute sa force, d'être ensevelie quelque temps sous les rigueurs de l'adversité ; les larmes sont mères des vertus, et le malheur est un marchepied pour s'élever vers le ciel. « C'est dans l'adversité que chacun de nous apprend à connaître ce qu'il est réellement, » comme le dit Lamennais. « Celui qui n'a pas été éprouvé, que sait-il ? L'homme à qui tout prospère est exposé à un grand danger : il est bien à craindre que son âme s'assoupisse d'un sommeil pesant, et qu'à l'heure du réveil on ne lui dise : *Souvenez-vous que vous avez reçu vos biens sur la terre*. Ici-bas, les tribulations sont une grâce de prédilection : elles nous exercent à la vertu, elles nous fournissent de nouvelles occasions de mérite, et nous rendent conformes au fils de Dieu dont il est écrit : *Il a fallu que le Christ souffrît, et qu'il entrât ainsi dans sa gloire.* »

Notre mère était trop pieusement instruite pour ne pas comprendre toutes ces graves vérités ; et quand le malheur vint fondre sur elle et sur sa petite famille, elle le reçut avec patience, comme étant la loi de notre nature : elle crut voir en lui un châtiment paternel de ses fautes, et elle s'humilia devant le Seigneur ; elle l'accueillit, ce malheur, avec une sainte résignation, comme une épreuve à laquelle la Providence la soumettait, comme le creuset où la bonté divine voulait l'épurer pour la rendre digne d'elle ; nous la vîmes plus que jamais briller du rayonnement merveilleux de toutes les vertus chrétiennes ; s'attacher à Dieu comme à son unique espérance, et sentir son amour pour ce seul ami fidèle, qui n'abandonne jamais, croître de toute la grandeur de ses douleurs et de l'évanouissement de toutes ses illusions.

O mon cœur, où sont tes romans ?
Eh bien ! ne te plains pas, ta part est belle et bonne.
J'ai vu fuir loin de moi mes plus riants espoirs...
Mais j'ai suivi du moins, comme Dieu nous l'ordonne
Non mes rêves, mais mes devoirs.

CHAPITRE XXI.

MADAME DAUTRY DEVIENT VEUVE. APRÈS AVOIR FAIT LE BIEN DE SON MARI, ELLE FAIT CELUI DE SES ENFANTS.

Forte éducation qu'elle donne à ses pensionnaires.

Au moment où le calme et l'espérance renaissaient dans la famille, l'ange de la mort vint la décimer. Le 9 du mois de janvier de l'année 1841, notre père était sorti de chez lui, plein de santé, et voici que tout à coup il tomba frappé d'une attaque d'apoplexie foudroyante. On le transporta dans le lieu de sa demeure ; le visage n'avait subi aucune altération ; il semblait dormir, ou plutôt il paraissait recueilli. Longtemps notre mère chercha à le rappeler à la vie ; tout fut inutile. La mort l'avait saisi, mais ne l'avait pas surpris : il avait communié à Noël. Sa pieuse veuve et ses enfants firent auprès de sa froide dépouille une triste veillée des morts, et leurs lamentations se mêlèrent au bruit du vent glacial de l'hiver.

Le lendemain, notre père avait des funérailles humbles comme sa fortune ; sa pauvreté n'en comportait pas d'autres ; et, du reste, pourquoi en eût-il été différemment ? « La pompe des enterrements intéresse plus la vanité des vivants que la mémoire des morts, » a dit de la Rochefoucauld, dans ses maximes morales. Et la vanité entrait si peu dans l'esprit de notre mère, que cette parole de Job aurait bien pu lui être appliquée : « Quand je serais juste et simple, cela même serait inconnu au fond de mon cœur. » Elle n'oublia jamais son cher défunt ; elle priait pour lui tous les jours ; et, pendant les quarante années qu'elle vécut encore, elle ne manqua pas, une seule fois, de me dire, au 9 janvier de chaque année : « Mon fils, souviens-toi de ton père au saint autel. »

Dans les jours mauvais, il ne peut y avoir de solide consolation que pour celui qui supporte les afflictions en chrétien. Malheur à celui qui ne sait pas souffrir dans l'esprit du christianisme ! S'il n'adore pas la main toute-puissante qui le frappe, il gémit désolé, sans pouvoir rien imaginer de capable d'adoucir ses douleurs. Où pourrait-il trouver du soulagement ? Tout l'abandonne. Virgile, le

plus grand des poètes latins, ne l'a-t-il pas dit :
« Tant que vous serez heureux, vous compterez
beaucoup d'amis ; mais si les temps deviennent
nébuleux, vous serez abandonnés. »

> L'aspect de ma longue infortune
> Éloigne, repousse, importune
> Mes frères lassés de mes maux ;
> En vain je m'adresse à leur foule :
> Leur pitié m'échappe et s'écoule
> Comme l'onde au flanc des coteaux.

Si le malheureux se produit dans le monde, il n'y apparaît plus que comme un de ces astres funestes qu'on ne voit qu'avec crainte, et qui semblent, en se montrant, annoncer quelque désastre. « Un infortuné parmi les enfants de la prospérité, a dit Châteaubriand, ressemble à un gueux qui se promène en guenilles au milieu d'une société brillante : chacun le regarde et le fuit. » Alors la vie commence à devenir à charge, on se laisse abattre par l'adversité : l'ennui devient un poison qui ronge et mine toute l'existence ; c'est le javelot de Mantinée enfoncé dans la poitrine d'Epaminondas : on ne l'enlève qu'en mourant et en entrant dans l'éternité.

Quant à notre mère, elle sut souffrir en chrétienne les calamités, les peines, les amertumes et les chagrins qui vinrent fondre sur elle coup sur coup. « Parce que Dieu vous aime, disait l'ange à Tobie, et que vous lui êtes agréable, il est nécessaire qu'il vous éprouve par les adversités. » « La tribulation fut pour elle, selon l'expression du grand Augustin, ce que le vent est au grain, la serpe à l'arbre, et la fournaise à l'or ; » c'est-à-dire qu'elle ôta ses imperfections, qu'elle la purifia et qu'elle la perfectionna.

Lorsqu'elle vit notre aisance disparaître comme une rosée devant le soleil, elle s'écria avec Job : « Vous nous aviez donné ces biens, ô mon Dieu ! Vous nous les avez ôtés ; la même main qui nous en avait comblé nous les a aussi enlevés : que votre saint nom soit béni. » Elle fit mieux encore, car elle sut tirer le bien du mal. « C'est assurément, se dit-elle, pour me faire estimer davantage les biens du ciel que le Seigneur me sépare des richesses de la terre. Les choses temporelles auraient pu être pour moi un lit sur lequel je me serais reposée et dans lequel je me serais endormie sans songer aux choses de l'éternité : Dieu a renversé ce lit pour me réveiller de mon assoupissement et pour me faire aller à lui ; je reconnais là la main paternelle qui me touche. »

Quand elle perdit notre père, elle éleva son âme

éplorée vers le ciel. « O mon Dieu, dit-elle, vous permettez que je sois abandonnée de ce que j'avais de plus cher au monde, pour m'attacher à vous plus fortement que jamais : eh bien, il en sera ainsi. » A la suite de cette cruelle séparation, elle porta toujours avec elle un certain air de mélancolie ; surtout elle aima la solitude. C'est un instinct commun à tous les êtres sensibles et souffrants de se réfugier dans les lieux les plus sauvages et les plus déserts, comme si des rochers étaient des remparts contre l'infortune, et comme si le calme de la nature pouvait apaiser les troubles malheureux de l'âme. Nous la surprenions parfois plongée dans la rêverie, les yeux attachés sur le courant d'une onde, sur une touffe de gazon agitée par le vent, ou sur les nuages qui volaient fugitifs par dessus sa tête, et qu'on peut comparer aux illusions de la vie : elle semblait s'accrocher ainsi au souvenir de tous ses malheurs passés et s'en servir comme d'un débris avec lequel elle surnageait sur une mer de chagrins. Quand ses occupations le lui permettaient, elle allait au pied des autels se fortifier par le secours de la prière ; car l'autel est l'asile et le refuge des affligés, comme Dieu en est le père : les cœurs brisés par la douleur, refoulés par le monde, doivent se réfugier

dans le monde de leurs pensées, dans la solitude de leur âme, pour pleurer et pour adorer. Les païens avaient eu eux-mêmes l'idée de cette action merveilleuse de la puissance et de la grâce divines qui soutiennent et relèvent une âme sainte plongée dans l'amertume des afflictions. On peut s'en convaincre par ces mémorables paroles de Sénèque :
« Quand vous voyez un homme que les malheurs n'abattent pas, courageux dans l'adversité, paisible au milieu des tempêtes, n'êtes-vous pas saisi de vénération pour lui ? Ne dites-vous pas : Voilà une chose trop grande et trop sublime pour qu'on puisse la croire de la même nature que ce chétif corps dans lequel elle se produit ? Une vertu divine est descendue dans cet homme ; c'est une puissance céleste qui anime cet esprit excellent et bien réglé. »

Mme Dautry avait fait le bien à son mari en toute circonstance et par toute sorte de moyens, dans les paroles, les actions, les conseils et même le silence ; elle avait prévu les embûches, les peines qui pouvaient l'atteindre, et elle avait travaillé à les éloigner. Quand il avait été en bonne santé, quand il avait été heureux, elle avait joui avec lui, en prenant part à son bonheur. Quand il avait été malheureux, elle avait su compatir à ses peines, les soulager par ces mille attentions délicates que la femme est si ingénieuse à trouver quand elle le veut. Aussi, après avoir fait face à toutes ses obligations avec la constance de la force, la tendresse persévérante de l'amour et la longanimité de la patience, elle avait vu sonner l'heure de la justice et de la reconnaissance : avant de passer à une vie meilleure, notre père s'était levé faisant signe à ses enfants, et tous, s'inclinant avec respect, avaient salué l'ange du toit domestique.

Devenue veuve, l'occupation lui devint plus nécessaire que jamais, d'abord parce que son pauvre cœur pouvait jeter ce cri douloureux :

M'ordonner du repos, c'est croître mes malheurs !

ensuite, et surtout, parce qu'il lui restait à mériter jusques à la fin les bénédictions de sa petite famille. Comme elle avait toujours bien compris que le premier devoir d'une mère véritablement digne de ce nom était de se dévouer tout entière à ses enfants, elle se remit à travailler, avec plus de courage que jamais, à leur bien de tout genre : et à celui du temps, et à celui de l'éternité. L'un d'eux était jeune encore : il fallait pourvoir à ses besoins matériels et spirituels ; elle continua donc et ses ouvrages manuels et sa profession d'institutrice.

Des familles honorables et très aisées lui confièrent leurs jeunes filles ; elle les accueillit avec bonheur, non pas tant pour la rétribution pécuniaire dont elle avait cependant grand besoin, que par le vif désir de gagner encore des âmes à Dieu, conformément à cette sainte maxime : « Le temps de la vie est court et rempli de mille obstacles ; c'est pourquoi, lorsque vous aurez occasion de faire le bien, ne la négligez pas par paresse ; car la nuit viendra où personne ne peut travailler. » Elle s'appliqua à développer et à faire croître dans l'âme de ses jeunes pensionnaires les germes de la vie intellectuelle, morale et religieuse. Les ayant continuellement avec elle, elle les façonna à son image, les imprégna de ses goûts et de ses instincts, leur inocula enfin ses croyances et ses vertus. Comprenant de quelle importance il était de donner à ces jeunes personnes de la classe moyenne une éducation utile et solide qui ne devait pas contraster avec leur future position dans le monde, elle s'appliqua, à la grande satisfaction de leurs parents, à les rendre non seulement chrétiennes et vertueuses, mais propres à devenir de bonnes mères de famille, des épouses chastes et soumises, des ménagères intelligentes, économes et laborieuses ; et elle eut l'habileté de leur inspirer, avec une vraie et sincère piété, des goûts, des habitudes analogues à la condition où elles devaient entrer, les accoutumant à exercer la couture et la lingerie, à raccommoder et même à rapiécer. Rien ne vaut mieux que ces détails de savoir-faire domestique pour une véritable femme de ménage ; et les plus grands peuples du monde, avant d'arriver à la décadence, l'ont toujours compris comme nous.

Ecoutons Clément d'Alexandrie : « Les travaux du corps conviennent aux femmes et particulièrement les travaux d'aiguille, tous ces soins divers que réclame d'elles le bien-être intérieur de la famille dont elles sont les protectrices naturelles et obligées. Leur devoir est de veiller aux objets dont leurs maris ont besoin, et de les leur apporter elles-mêmes. Elles doivent conserver et entretenir en bon état les vêtements nécessaires à leurs enfants, apprêter le boire et le manger, et le présenter à leurs maris avec la grâce d'une affectueuse aménité. En agissant ainsi, la santé se fortifie dans un sage équilibre, et Notre-Seigneur aime les femmes de ce caractère ; il aime à les voir toujours occupées d'utiles travaux, tenir le fuseau et l'aiguille, et ne pas rougir de donner, à l'exemple de Sara, aux voyageurs fatigués, tous les soins d'une bienveillante hospitalité. »

Les femmes les plus distinguées de l'antiquité, les princesses et les reines se livraient aux travaux de l'aiguille ; elles confectionnaient les vêtements de laine ; elles ne dédaignaient aucun des travaux que plusieurs peut-être considéreraient à notre époque comme un déshonneur. L'historien latin Quinte-Curce rapporte qu'après avoir fait prisonnières la mère de Darius et une partie de sa famille, Alexandre-le-Grand leur envoya des vêtements confectionnés en Macédoine, avec les tailleurs qui les avaient faits, afin que les royales captives pussent prendre modèle et en faire de semblables. La reine-mère se mit à sangloter, regardant presque cette proposition comme une injure : en effet, les Perses, nation efféminée et abâtardie, considéraient ce travail comme indigne de femmes bien élevées. Alexandre, l'ayant appris, se crut obligé de lui faire des excuses. « Je me suis trompé, lui dit-il, en vous traitant selon les habitudes de la Grèce ; car cet habit que vous me voyez est non seulement un don de mes sœurs, mais l'ouvrage de leurs mains. » Plutarque rapporte, de même, que César-Auguste faisait apprendre à sa fille et à sa nièce le travail de la laine ; et ce maître du monde ne portait guère de vêtements que ceux qui avaient été faits par son épouse, sa sœur, sa fille et les autres membres de sa famille. Au plus beau siècle de notre histoire, Charlemagne voulait également que ses filles sussent le travail des mains ; et comme on lui en demandait la raison, il fit cette réponse si digne d'être méditée : « C'est d'abord pour leur faire éviter l'oisiveté ; et d'ailleurs, rien ne pouvant nous garantir contre les coups du sort, si jamais elles éprouvaient une fortune adverse, elles auraient un moyen de subvenir à leurs nécessités. »

En toute occasion, Mme Dautry apprenait à ses pensionnaires à garder toujours la décence dans leur manière d'être et les bienséances dans l'usage de la vie ; à fuir la parure, les amusements et tout ce qui porte un caractère de frivolité. Venaient ensuite les qualités et les talents relatifs à la tenue et aux détails d'un intérieur bien coordonné, tels que l'esprit d'ordre, de propreté et d'économie, l'amour du travail, le goût des occupations sérieuses et solides, et toutes les connaissances convenables à une femme de ménage ; car elle était pénétrée de cette vérité, qu'une jeune fille, qui sait dépenser peu et faire des épargnes, est un vrai trésor pour un mari et pour une famille.

Parfois elle leur disait : « Mes chères filles, ce qu'il y a de beau ici-bas, c'est de fermer votre âme aux pensées criminelles ; de lever au ciel des mains pures ; de ne pas demander des biens qu'on ne peut obtenir sans qu'un autre ne les perde injustement ; de ne désirer que ce qu'on désire sans rival, une bonne conscience ; de ne voir dans les autres biens, si estimés du monde, quand même la Providence les mettrait dans vos mains, que des richesses destinées à s'échapper. » Puis, comme elle savait que les bons conseils ne feraient qu'une impression passagère, s'ils n'étaient pas appuyés, fortifiés par de bonnes lectures, elle leur procurait des livres de choix. La doctrine enseignée ne saurait avoir qu'une portée générale. Entrer dans le détail, c'est le principal avantage des bons livres, parce qu'ils sont autant de prédicateurs muets qui ne s'étendent ni trop ni trop peu. Il nous est toujours loisible de les laisser quand ils nous fatiguent, d'en poursuivre la lecture quand elle nous profite et nous intérese. Nous y trouvons une lumière qui éclaire notre intelligence, une flamme qui embrase notre volonté, un marteau qui amollit notre cœur, un glaive qui retranche ce que nos passions ont d'excessif, un flambeau qui dirige tous les pas de notre vie, une semence qui rapporte une moisson éternelle, une nourriture qui soutient, délecte, ranime notre âme et la remplit d'une force divine. Enfin, la puissance d'une bonne lecture est telle qu'elle a suffi pour opérer une foule de conversions.

Ainsi donc, lorsque tout semblait perdu pour nous, le mérite et les talents, qu'une bonne éducation avait procurés à notre mère, vinrent à son secours et lui firent trouver les ressources dont elle avait besoin pour elle et pour ses enfants. Bien plus, ils lui fournirent une nouvelle occasion de faire encore une œuvre agréable à Dieu, en formant à la vertu quelques jeunes personnes influentes et riches.

CHAPITRE XXII.

PENDANT TOUTE SA VIE MADAME DAUTRY CONFIRMA CETTE MAXIME DE FÉNELON : « RIEN N'EST SI TENDRE, SI AIMANT QU'UN CŒUR PUR QUE L'AMOUR DIVIN POSSÈDE ET ANIME. »

Les choses dissemblables se repoussent et se séparent, tandis que les choses qui ont entre elles quelque affinité se rapprochent et s'unissent très facilement. Il en est de même de ce pur et sublime esprit que nous appelons Dieu. Il repousse les hommes charnels, qui n'ont avec lui aucune similitude, tandis qu'il attire à lui et qu'il s'unit d'une manière ineffable les personnes spirituelles, parce qu'il reconnaît en elles sa ressemblance et une pureté qui est l'image de la sienne; c'est ce qui a fait dire au divin Sauveur : « Bienheureux ceux qui ont le cœur pur, parce qu'ils verront Dieu. »

Retirée loin de la vie des hommes, comme une rose solitaire, notre mère avait eu, jeune fille, cette innocence et ces grâces qui ne sont point soumises aux faux jugements du monde, cette pudique beauté qu'aucune maladie n'altère, qu'aucun âge ne fane, que la mort même ne peut ravir, et que Dieu, qui aime les belles âmes, apprécie le plus, puisque son divin fils, le législateur des chrétiens, a voulu naître d'une vierge et mourir vierge. Le passage suivant que nous avons trouvé annoté de sa main, dans un de ces pieux livres dont la lecture nourrissait son cœur, prouve le cas qu'elle fit toujours de l'innocence des mœurs : « Le rayon de lumière traverse aisément un cristal pur ; mais si ce cristal est couvert de taches épaisses, le rayon de soleil ne saurait le pénétrer ; il s'arrête à la surface. De même, quand une âme est souillée de la boue du vice impur, le soleil de justice ne saurait lui envoyer ses rayons bienfaisants, le Dieu de toute pureté ne saurait en approcher. »

Plus tard, quand elle fut forcée de vivre dans cet amas de corruption qu'on appelle le monde, quand elle se vit dans l'impossibilité d'éviter sa malheureuse communication, elle s'efforça de n'être pas contaminée par cette dépravation universelle qui nous environne et qui nous touche de toutes parts. Elle purifiait ses pensées afin qu'elles eussent toutes pour fin, sinon immédiate, au moins dernière, celui qui veut en avoir l'hommage ;

elle purifiait ses désirs, afin qu'ils tendissent tous vers celui qui seul en est digne ; elle purifiait ses intentions, afin qu'elles dirigeassent toutes ses actions vers celui qui doit les récompenser.

La fin de l'innocence des mœurs étant de perfectionner notre âme d'après la ressemblance divine et de nous unir à Dieu pour nous reposer en lui, il se fit entre Dieu et Mme Dautry une union dont l'intimité augmenta tous les jours. Elle s'attacha de toute l'ardeur de son cœur à celui qui renferme à l'état d'essence suréminente tout ce que les créatures peuvent contenir de parfait et d'aimable ; elle se fixait incessamment à ce centre de tout bien pour recevoir, tous les jours, la vie, la force, la lumière et la consolation. Son amour de Dieu était une fusion de son cœur, c'était l'union la plus vraie, la plus entière : c'était la vie à deux ; et cet autre elle-même était l'être infini qui complétait son cœur, qui le remplissait, l'abreuvait et l'énivrait de la plus vive et de la plus pure affection. Mystère d'amour qui se consomme ici-bas dans l'obscurité de la foi, en attendant les glorieuses transformations du ciel.

Assurément, la perfection du christianisme consiste essentiellement dans les relations que notre âme entretient avec le premier, le plus parfait et le plus aimable des êtres ; et le degré de **notre** perfection dépend d'abord et avant tout de notre degré d'amour de Dieu, de la beauté de notre intérieur, de l'éclat de ce sanctuaire intime qu'on appelle la cellule de l'âme, cette chambre céleste et invisible où se célèbrent avec Dieu les mystères de la vie du cœur. Oui, quand les pulsations du cœur sont divines, quand Dieu est le but principal de la vie, quand le regard est dirigé vers le ciel, sans négliger toutefois aucun détail de l'existence humaine, l'âme marche dans la voie d'une haute et sublime perfection.

Mais le cœur de l'homme a une tendance continuelle à se projeter à l'extérieur pour embrasser ce qui est vrai, ce qui est beau et ce qui est bon. Et, alors même qu'il se trompe, il poursuit le bien ; et le mal lui-même, il ne le désire que sous l'apparence du bien. Aimer, c'est une nécessité de son être, c'est la conséquence inévitable de sa constitution morale, c'est à la fois un besoin et une vertu. En dehors de Dieu, le cœur peut et doit avoir aussi des objets légitimes d'affection. Demeurant toujours fixé à son centre, il peut s'épancher sur d'autres cœurs ; car la religion non seulement approuve, mais elle perfectionne ce qu'il y a de bon et de parfait dans les vraies et pures amitiés.

Dans son enfance comme dans tout le reste de son existence, l'âme de notre mère avait rencontré Dieu, s'était unie à Dieu, et dans cette union elle avait trouvé douceur et bonheur ; mais elle avait su aussi se retourner vers les choses de la vie, les comprendre, les coordonner et leur accorder dans ses affections le degré que réclame la nature perfectionnée par la grâce. En toutes circonstances, elle montra à ses semblables la bonté inépuisable de son cœur ; elle n'aimait point, comme la plupart des hommes, par un principe de politique ou d'égoïsme ; oh non ! son cœur était vrai, sincère et profondément dévoué ; et la raison de ces sentiments élevés était précisément le point de départ : son affection n'était qu'une expression de la vie puisée à la source infinie. « Rien n'est si tendre, si ouvert, si vif, si doux, si aimable, si aimant, qu'un cœur pur que l'amour divin possède et anime, » a dit Fénelon.

A l'orphelinat elle aimait tant ses bonnes maîtresses, qu'elle aurait pu leur dire comme autrefois saint Grégoire de Nazianze à saint Basile : « Je vous respire plus que l'air qui m'environne ; si je vis, c'est avec vous, soit lorsque vous êtes présent, soit par votre souvenir quand nous sommes séparés. » Elle s'y était fait de ses jeunes compagnes des amies que la ressemblance de l'âge et des études lui rendaient bien chères. Leurs adolescences s'épanouissaient comme des fleurs semblables, et leurs âmes étaient toujours énergiquement collées ensemble, parce que le divin était le ciment qui les unissait. « Quand on aime en Dieu, disait sainte Catherine, on est semblable à quelqu'un qui boirait dans un vase, mais le vase restant plongé dans l'Océan. »

Plus tard, elle nous aima tant, nous ses enfants, qu'aujourd'hui, douloureusement privés de cet amour maternel, nous redisons tristement avec saint Jean Chrysostome : « Oh ! oui, l'amitié pure et vraie, l'amitié incomparable d'une tendre mère est un trésor inestimable ; elle est une source des joies intimes et profondes ; une mère laisse quelque chose d'elle-même dans les lieux où elle a été avec nous ; et quand elle est partie, nous conservons avec une douce tristesse le parfum de sa présence. Il vaudrait mieux pour nous ne plus jouir de la lumière du soleil, que d'être privés de la douceur de son amitié. » Notre âme était entièrement attachée à la sienne ; nous n'étions qu'un cœur ; le glaive de la mort en le perçant également l'a séparé en deux : il en a placé une partie dans le ciel, et il a laissé l'autre sur la terre.

L'action sage et discrète de la piété de notre mère perfectionnait aussi ses autres relations d'affection ou de devoir. Elle avait toujours du cœur pour ses élèves particulièrement, pour ses connaissances, ensuite et en général pour toutes les personnes qui, à différents titres et à divers degrés, occupaient son temps et sa pensée, parce que, vraie chrétienne, elle avait toujours de la charité vraie dans l'âme. Si on avait besoin d'un bon conseil, d'une parole sincère, d'une parole amie ; si on avait besoin d'un secours, d'un service, on pouvait aller frapper à la porte de cette servante de Dieu. Si la chose était possible, on était sûr de son concours. Si elle ne le pouvait pas, elle donnait au moins toute l'affection d'un dévouement vrai, d'une parole sincèrement fraternelle, et, à l'heure où elle sentait son impuissance à secourir, elle tâchait de s'en dédommager auprès de Dieu, car sa prière cherchait à compléter l'œuvre de ses désirs.

Elles se trompent beaucoup ces personnes pieuses qui, sous le prétexte de détachement des créatures, enseignent l'insensibilité du cœur comme le comble de la perfection. « Je ne sais pourquoi, disait Fénelon, on se met dans l'esprit qu'il faut quitter ses amis pour être à Dieu : je ne vois pas pour quelles raisons. » Les amitiés vraies et selon le cœur de Dieu sont la plus grande, la plus excellente aumône que le Seigneur puisse nous faire après la grâce.

> Qu'un ami véritable est une douce chose !
> Il cherche vos besoins au fond de votre cœur,
> Il vous épargne la pudeur
> De les lui découvrir vous-même :
> Un songe, un rien, tout lui fait peur,
> Quand il s'agit de ce qu'il aime.

La Bruyère a pu dire avec vérité : « Il y a un goût dans la pure amitié où ne peuvent atteindre ceux qui sont nés médiocres. » Mais rien n'est plus commun dans la vie des saints que ces unions d'âme qui, embaumant plusieurs existences, les complètent les unes par les autres, et les conduisent ainsi, en semant sur la route des fleurs parfumées et toujours fraîches, jusqu'au seuil de l'éternité. L'âme grandit à ce contact ; elle se développe, elle prend de la chaleur et de la vie, elle devient féconde, elle s'harmonise, elle est plus forte et mieux disposée pour accomplir ses devoirs. « Il n'y a rien de meilleur dans la créature que l'amitié réciproque, a dit saint Bonaventure, et sans elle il n'y a point de plaisir. » Un ami selon le cœur de Dieu est un ange qui marche à nos côtés dans la vie, nous éclaire, nous soutient, nous aide à porter le fardeau de l'existence ; c'est un talisman qui change le mal en bien et le bien en mieux.

Elles ne nous démentiront pas, les personnes qui ont été élevées par notre bonne mère, ou qui ont eu de saintes liaisons avec elle. Sans doute, elle ne pouvait pas toujours semer le bien et l'aumône comme elle aurait désiré le faire dans certaines circonstances ; mais elle semait toujours les bonnes paroles et les bons conseils sur son passage ; ses mains et son cœur étaient toujours ouverts, et quand elle ne pouvait pas donner autre chose, au moins elle donnait la monnaie du cœur.

Elle avait aimé en Dieu ; sa récompense, dans ses vieilles années, fut de voir tous ses amis lui demeurer fidèles : « Parce que, dit saint Augustin, celui-là seul ne perd aucun de ses amis, qui n'en aime aucun qu'en celui qui ne se peut jamais perdre. »

CHAPITRE XXIII.

PURETÉ D'INTENTION DE Mme DAUTRY DANS SES BONNES ŒUVRES.

Son affabilité dans ses relations avec le prochain.

Le saint Esprit a dit : « Il vaut mieux aller à une maison de deuil qu'à une maison où l'on se réjouit. » La raison en est que le spectacle de la vertu pauvre et délaissée, en proie à l'infirmité et à l'indigence, nous attache plus fortement à tous nos devoirs et nous donne la satisfaction du cœur qui soulage. Mme Dautry fut cette femme forte qui ouvrait sa main à l'indigent et qui étendait ses mains et ses bras vers le pauvre. Elle avait pour ses semblables malheureux ou malades, cette délicatesse d'attention, cette prévoyance de procédés, cette douceur de paroles qui calment les maux et augmentent la force et la patience ; elle savait glisser de salutaires consolations avec la sainte adresse de la charité, et ramener dans les âmes ulcérées l'espérance et l'amour de Dieu. « Les pieds des saints peuvent de grandes choses quand ils visitent les maisons, disait saint Jean Chrysostome, ils sanctifient le pavé qu'ils touchent, ils apportent des trésors avec eux, il corrigent les natures viciées, ils chassent la misère corporelle et spirituelle. » Oui, elle savait qu'il n'y a pas que ce qu'on offre à Dieu auprès des autels qui lui soit agréable ; mais qu'il faut encore comprendre ee mot du prophète Osée : « Je veux la miséricorde et non les sacrifices ; » et elle offrait au seigneur, en toute occasion, le sacrifice de sa charité et de sa bonté à l'égard du prochain, dans les maisons, sur les places publiques, dans les habitations où il y avait des pauvres, des malades, des enfants, des orphelins à secourir ; ayant cette parole du sauveur présente à la mémoire : « Ce que vous avez fait à l'un des plus petits, vous me l'avez fait à moi-même. »

Mais, les bonnes œuvres, pour être agréables à Dieu ne doivent pas être mercenaires. Les vertus des romains et des autres païens, comme l'amour héroïque de la patrie, la générosité, la bonne foi, la continence, la tempérance, n'étaient pas de vraies vertus, car elles avaient leur source, non dans l'amour de Dieu ou dans l'amour du prochain pour Dieu, mais dans la passion de la gloire, de la renommée et de l'amour propre, ou même dans l'avarice ; et, par conséquent, elles auraient dû recevoir les noms des passions d'où elles dérivaient, plutôt que les noms des vertus dont elles n'avaient que les apparences. Il n'en était pas ainsi des bonnes œuvres de Mme Dautry ; elle n'avait pour mobile aucun calcul d'intérêt ou de vanité ; elle mettait en pratique ce sage conseil de saint Jean Chrysostome : « Comme il est difficile qu'un arbre planté près de la route conserve ses fruits, de même il est difficile de garantir du péril de la vaine gloire les bonnes œuvres accomplies aux yeux et en présence des hommes ; à moins toutefois que la nécessité où l'état de la personne ne l'exige. O homme, quand tu fais une bonne œuvre, retire-toi de la route, et place-toi en un lieu secret, afin que le monde n'ait rien de commun avec toi, et que tu n'aies rien de commun avec le monde. » Et puis, a dit Lacordaire, « Ce qu'il y a de plus doux au monde, c'est d'être oublié des hommes, hormis de ceux qui nous aiment et que nous aimons. Le reste, dans l'occupation qu'il se fait de nous, nous apporte plus de trouble que de joie ; et, lorsque nous avons accompli notre tâche, creusé un sillon, grand ou petit, où nous avons semé le bien, ce qu'il y a de plus heureux, c'est de le laisser entre les mains de la Providence et de disparaître dans son sein. »

Lorsque Mme Dautry faisait quelque acte de vertu, surtout lorsqu'elle exerçait quelque acte de miséricorde envers le prochain, elle avait grand soin de s'éloigner des yeux des hommes, en sorte que les regards des spectateurs ne pouvaient pas même imprimer chez elle la moindre souillure de gloriole. C'est qu'une âme sainte comme la sienne doit toujours s'élever à cette parfaite pureté d'intention; elle sait que Dieu sonde l'abîme et le cœur de l'homme ; elle n'a que lui seul en vue, et elle est indifférente à tout le reste. A quoi sert ce que nous laissons à l'entrée du tombeau ? Les éloges recherchés souillent la conscience et tuent le mérite du bien qu'on a fait pour les obtenir. « Prenez-garde, a dit le Christ, à ne pas faire vos bonnes œuvres devant les hommes, pour être vus d'eux ; autrement vous n'aurez point de récompense de notre père qui est dans les cieux. Quand donc vous faites l'aumône, ne sonnez point de la trompette devant vous, comme font les hypocrites dans les synagogues et dans les carrefours, afin d'être honorés des hommes. En vérité, je vous le dis ils ont reçu leur récompense. Pour vous, quand vous faites l'aumône, que votre main gauche ne sache pas ce que fait la droite, afin que votre aumône soit dans le secret ; et votre père qui voit dans le secret, vous le rendra. »

Les païens eux-mêmes recommandaient cette pureté d'intention dans les bonnes œuvres, comme le témoignent ces paroles de Sénèque : « Nous nous proposons de vivre selon la nature, de suivre l'exemple de Dieu. Or, dans tout ce que fait Dieu, il ne suit que la raison qu'il a de le faire ; à moins que tu n'imagines qu'il reçoit le prix de ses œuvres dans la vapeur des entrailles et les parfums de l'encens. Vois tout ce qu'il élabore chaque jour pour nous, tous les dons qu'il nous distribue, tous les fruits dont il couvre la terre, tous ces vents favorables qui font mouvoir la mer en soufflant sur tous les rivages, et toutes ces pluies abondantes et subites qui amollissent les plaines, et, par de secrets conduits, leur versent de nouveaux aliments ; tous ces bienfaits, Dieu nous les accorde sans récompense, sans qu'il lui en revienne aucun avantage. Voilà ce qu'observera notre raison : si elle ne s'écarte pas de son modèle, elle ne doit pas offrir à la vertu un service à gages. Honte à tout bienfait vénal. Dieu donne gratuitement ; si tu imites Dieu, donne aussi aux ingrats ; car le soleil se lève pour les criminels, et les mers s'ouvrent pour les pirates. »

A la pureté d'intention, Mme Dautry savait ajouter, avec un tact parfait, l'affabilité de ses paroles et de ses manières, dans l'accomplissement de ses devoirs de société et de ses actes de bienfaisance.

Au ciel il y aura harmonie complète, harmonie dans le vrai, harmonie par la fusion de toutes les nuances, harmonie par la sainte union de la charité. Sur la terre, il en est tout autrement : cette vie est une suite de luttes, de froissements, d'irritations qui viennent de la différence et des défauts de caractères. Dieu a communiqué ses dons d'une manière inégale aux créatures. Voyez une prairie : il n'est pas une fleur qui ressemble à l'autre ; l'une est blanche, l'autre rouge ; celle-ci fréquente les lieux humides et grandit avec un admirable luxe de végétation ; celle-là aime les lieux arides, aussi sa tige est grêle et son fruit rare. Le chêne s'élève dans les airs, et la mousse croît à ses pieds. Il en est de même parmi les hommes ; chaque âme à sa forme, son caractère, son cachet, son individualité propre ; et, selon les intentions de la Providence, chaque âme doit conserver cette forme qui la constitue dans une existence à part. Il est des natures vives, d'autres marchent plus lentement ; il est des caractères expansifs, d'autres concentrés ; certains tempéraments sont d'une impressionnabilité qui dépasse toute prévision, d'autres sont plus froids et reçoivent les impressions avec plus de calme et de vérité. Vous ne rencontrerez pas une figure qui ressemble à une autre : la différence entre les âmes est encore plus sensible, et, sous ce rapport, on fait tous les jours des découvertes qui étonnent,

Nous sommes donc condamnés par la force des choses à vivre au milieu d'êtres tout à fait dissemblables. Sans doute, et c'est une des grandes bénédictions du ciel, nous pourrons rencontrer çà et là des âmes qui seront de la même famille que la nôtre. qui auront les mêmes vues, des instincts analogues, et avec lesquels nous sympathiserons jusque dans certaines nuances de pensées et de sentiments. Quand nous aurons fait cette rencontre, jouissons avec reconnaissance de ce bienfait divin, et savourons ce miel si rare, dans le chemin de la vie. Mais dans l'enssemble de nos relations, il est nécessaire de nous accoutumer à vivre au milieu d'êtres qui ne nous ressemblent pas.

Mme Dautry respectait ces variétés, ces nuances différentes dans le prochain : elle marchait dans sa voie, laissant les autres marcher à côté d'elle dans une voie différente ; et si parfois ils la coudoyaient en franchissant la ligne de démarcation, qui n'est pas toujours facile à respecter, elle savait supporter avec douceur cet empiètement. « Ne faut-il pas ici-bas s'accoutumer à la déraison et à l'injustice, » comme l'a si bien dit Fénelon. Elle était huile d'olive dans ces luttes quotidiennes : l'huile n'oppose pas de lutte violente, elle coule à travers les rouages, elle glisse à travers les pointes et elle arrive de l'autre côté, avec lenteur, mais avec sécurité. Elle pouvait bien dire :

> Mon abord est civil, j'ai la bouche riante,
> Et mes yeux ont mille douceurs ;
> Toujours aimable et bonne, agréable et charmante
> Je sais régner sur tous les cœurs.

Elle suivait cette sage règle de conduite donnée par nos saints livres : « Mon fils, ne mêlez point les reproches au bien que vous faites, et ne joignez jamais à votre don des paroles tristes et affligeantes. La rosée ne rafraîchit-elle pas l'ardeur des plus grandes chaleurs ? Ainsi la parole douce vaut mieux que le don. » Sa récompense fut de goûter sur la terre aux fruits de ses délicates affabilités, car, comme le dit Plutarque : « Quoique la vertu de douceur soit aimable et pleine d'attraits pour les autres hommes, il n'en est aucun pour lequel elle ait plus de charmes que pour celui qui la possède. » Et Jésus n'a-t-il pas dit : « Heureux ceux qui sont doux, parce qu'ils posséderont la terre. »

CHAPITRE XXIV.

GRAND SOIN DE MADAME DAUTRY A GARDER UNE JUSTE MESURE DANS SES EXERCICES DE PIÉTÉ.

Un saint l'a dit : « La vertu, c'est un milieu entre deux vices. » Il faut donc s'étudier à fuir avec le plus grand soin tous les extrêmes, et à poursuivre en tout un tempérament raisonnable, ne voulant point d'une vertu qui va au-delà ou qui reste en-deçà du but. Rien de trop, tel doit être l'adage d'une personne sage. C'est qu'en effet il en est de la carrière de la vertu, comme d'une navigation, où l'on a quelquefois autant à craindre d'un vent trop favorable, que d'un vent contraire ; et saint Bernard va jusqu'à affirmer qu'il faut éviter les excès, même dans l'amour de Dieu. « Rien, » dit-il, « n'est plus périlleux pour celui qui est animé de l'amour divin, que de s'y livrer avec une ferveur déréglée. »

Cependant il n'est pas toujours facile de rencontrer des esprits justes, qui comprennent les choses à leur vrai point de vue, et qui sachent garder une sage mesure en tout. Si on leur parle de la nécessité des exercices de piété, aussitôt plusieurs s'y consacrent avec tant de zèle et d'ardeur, que la pratique devient pour eux la religion elle-même. Si on leur explique, au contraire, comment l'usage de ses actes pieux n'est pas la religion, qu'on peut en abuser ; immédiatement on est accusé d'en être l'ennemi. Assurément les pratiques de dévotion sont utiles, nécessaires même ; elles accoutument, elles plient, elles façonnent, elles christianisent en nous la partie de notre être que Pascal appelait la *machine;* elles préparent ce moment heureux où l'âme pieuse peut dire avec le Prophète : « Mon cœur et ma chair ont tressailli en la présence du Dieu vivant. » Mais pour cela, il faut éviter les abus qui s'y rencontrent, or il y en a de trois sortes. Les excès dans le nombre des exercices de piété ; les exagérations dans leur usage ; les contre-temps dans leur accomplissement.

« La religion, » a dit saint Thomas, « est une vertu morale. Or, toute vertu morale consiste dans le milieu, c'est pourquoi il y a deux vices opposés à la vertu, l'un par excès, l'autre par défaut ou privation. » L'Eglise, qui a toujours admis ce principe, est comme ces phares élevés sur nos côtes, et dont la double lumière combinée en ligne droite conduit toujours au port. Mais où trouver des pilotes qui ne dévient pas! Où trouver ces natures équilibrées qui s'arrêtent au point juste et à la limite de la sagesse? Beaucoup d'âmes sont petites, étroites, ignorantes ou passionnées, et il leur est difficile de s'occuper de religion sans y mêler bien des faiblesses, bien des vanités, bien des amours-propres, bien des petits grains de superstition. « On a vu de tout temps, » dit Leibnitz, « que le commun des hommes a mis la dévotion dans les formalités; la solide piété, c'est-à-dire la lumière et la vertu, n'a jamais été le partage du grand nombre. Il ne faut point s'en étonner : rien n'est si conforme à la faiblesse humaine ; nous sommes frappés par l'extérieur, et l'interne demande une discussion dont peu de gens se rendent capables. Il n'arrive que trop souvent que la dévotion est étouffée par des façons et que la lumière divine est obscurcie par les opinions des hommes. »

Voyons d'abord combien les excès dans le nombre des actes de dévotion sont nuisibles à la vraie piété et par conséquent à la perfection. Sans doute, les saintes pratiques de la piété sont toutes excellentes, mais, comme la grande science de la vie consiste dans une juste pondération de chaque chose, dans un coup d'œil sûr qui voit l'ensemble, qui tempère ce qu'il y aurait de trop absolu dans les extrêmes, et qui s'arrête au point où commence l'excès ; une facile déduction nous conduit à reconnaître que même ce qui est excellent peut parfois devenir dangereux. Une comparaison va montrer l'évidence de cette vérité. Je suppose que vous vous trouviez à un banquet copieusement servi, à un de ces festins où la grande quantité des convives rend presque nécessaire un nombre considérable de mets, afin que tous les goûts demeurent satisfaits ; certainement vous ne mangeriez pas de toutes les viandes qui vous seraient présentées ; vous choisiriez celles qui conviendraient le mieux à votre estomac et à votre tempérament, et encore vous vous arrêteriez soigneusement aux limites de la sobriété. Cette conduite ne serait pas une réprobation des autres mets servis, ni une condamnation de la libéralité du maître de la maison ; vous comprendriez fort bien qu'ayant une multitude de convives, il lui fallait une sorte de prodigalité dans l'appareil du festin. Votre réserve ne vous empêcherait pas de reconnaître les excellentes qualités des autres aliments ; vous les feriez même passer à vos voisins, s'ils les désiraient ; mais pour vous, vous sauriez vous borner dans votre choix, et vous limiter dans les règles d'une sage tempérance. Imitons cette réserve et cette sobriété dans les pratiques de piété. Saint François de Sales nous le recommande. « Ne vous empressez point à la pratique de tout ce que vous verrez de beau, » dit-il, « mais allez tout doucement, aspirant après ces beaux enseignements et les admirant tout bellement ; et vous ressouvenez qu'il n'est pas question qu'un seul mange un festin préparé pour plusieurs. » « As-tu trouvé du miel, » dit le sage, « manges-en seulement ce qui te suffit. »

Assurément il ne s'agit pas ici des pratiques commandées par l'Eglise ; mais ces pratiques commandées sont peu nombreuses, et, pour le reste, l'esprit de l'Eglise est qu'on en use avec réserve et sagesse pratique. « Combien de personnes, » dit un grand serviteur de Dieu, « après avoir pris un brillant essor, n'ont pas tardé à se sentir faibles et fatiguées, et enfin à retomber sur la terre, embarrassées dans leurs litanies, succombant sous leurs *memorare*, surchargées de chapelets, et enfin retenues, enchaînées par les obligations d'une multitude de tiers-ordres et de confréries. Elles se sont ruinées par les dévotions. Les pratiques de piété chez les saints furent en petit nombre généralement, et d'une simplicité de méthode remarquable ; ils furent des hommes qui firent moins que les autres, mais qui firent mille fois mieux ce qu'ils avaient à faire. » « Lorsque les âmes intérieures, » enseigne saint Bonaventure, « se livrent à des exercices et à des prières trop multipliées, elles écrasent l'esprit de vie, arrêtent la dévotion, enchaînent la liberté d'esprit et laissent les meilleures choses pour des pratiques extérieures. » « Ceux qui, étant dans un festin, vont picotant chaque mets et mangeant un peu de tout, » dit saint François de Sales, avec son style pittoresque, « se gâtent l'estomac et se causent des indigestions qui les empêchent de dormir, et qui sont cause que pendant toute la nuit ils ne font que cracher. De même, les âmes qui veulent goûter de toutes les méthodes et de tous les moyens qui nous conduisent ou peuvent nous conduire à la perfection, ne prennent pas la bonne route ; car l'estomac de leur volonté n'ayant pas assez de chaleur pour digérer et mettre en pratique tant de moyens, il se fait dans leur âme une certaine crudité et indigestion qui leur ôte la paix et tranquillité d'esprit auprès de Notre-Seigneur, laquelle est l'unique nécessaire que Marie a choisie, et qui ne lui sera point ôtée. En fait d'amour de Dieu, il faut croître par les racines et non par les branches. C'est croître par les branches que de vouloir faire une multitude d'actes de vertu, dont plusieurs se trouvent non-seulement défectueux, mais superflus et par là nuisibles, comme la trop grande abondance nuit à la vigne, qu'il faut quelquefois décharger en partie, pour que les raisins qu'on laisse grossissent mieux. C'est croître par les racines que de faire moins d'œuvres, mais de les faire avec plus de perfection et un plus grand amour de Dieu ; car il faut être enraciné et fondé dans la charité, si nous voulons avoir la science suréminente de l'amour de Jésus-Christ.

Faisons donc grand cas de cette maxime de l'empereur Auguste : *peu et bon*. Et méditons ces sages réflexions de Fénelon : « La plupart des gens, quand ils veulent se convertir ou se réformer, songent bien plus à remplir leur vie de certaines actions difficiles et extraordinaires, qu'à purifier leurs intentions, et à mourir à leurs inclinations naturelles dans les actions les plus communes de leur état ; en quoi ils se trompent fort souvent. Il vaudrait beaucoup mieux changer moins les actions, et changer davantage la disposition du cœur qui les fait faire. »

Les exagérations dans les actes de dévotion ne sont pas moins nuisibles à la vraie piété que le trop grand nombre de ces actes. Sur ce sujet, disons d'abord qu'il faut accepter avec réserve ce qui est nouveau et insolite en fait de pratiques de piété; c'est le conseil donné par saint Augustin : « Je ne puis approuver tout ce que je n'oserais pas désapprouver librement, parce que je veux éviter le scandale de certaines âmes. Mais ce qui m'affige profondément, c'est de voir que, tandis qu'on néglige des choses très salutaires, prescrites dans les saints livres, tout est plein d'institutions humaines. » Rien ne change sur le vieux tronc de l'Église : il peut pousser, sans doute, sur ce grand arbre quelques nouvelles feuilles qui attestent sa continuelle vigueur ; mais il serait déplorable de laisser les anciennes pratiques de la religion, ou même de les négliger ; ce serait laisser le repas principal pour le dessert. Respectons tout ce que l'Église approuve, faisons-en l'usage que conseille la sagesse; mais n'oublions pas que l'Église tolère beaucoup de choses par prudence, et que l'on n'ose pas toujours condamner ouvertement certaines pratiques, à cause de quelques âmes saintes mais étroites, et de quelques caractères turbulents qui en prendraient occasion pour faire du bruit.

Du reste, le démon pour nuire à la perfection chrétienne, prend deux routes différentes : tantôt il cherche à décrier certaines pratiques pieuses de la religion, en faisant dire aux hommes que c'est là du roman, de l'enthousiasme, de l'enfantillage, de la ferveur de convertis, de la fantaisie, de la nouveauté, une théorie impraticable, que sais-je... Tantôt il excite les gens à aspirer trop haut, à tenter des efforts au-dessus de leurs forces, à choisir avec affectation les livres les plus mystiques, à courir après les miracles et les prodiges, à faire des vœux imprudents, à tenter Dieu en se chargeant d'un nombre infini de prières. Défions-nous de ces institutions qui oppriment par des obligations serviles cette religion que la miséricorde de Dieu a voulu libre en n'y établissant qu'un petit nombre de sacrements.

Affirmons maintenant ce principe : la vraie piété est une disposition bien ordonnée de tous les mouvements de l'âme, conformément aux règles de la sagesse et de la prudence : la vertu est une harmonie, comme disaient les anciens ; donc rien d'exagéré. Saint Paul nous l'enseigne : « Il ne faut pas avoir de sagesse plus qu'il ne faut ; il faut être sage avec sobriété. » Et saint Bernard ajoute : « La discrétion met de l'ordre en toute vertu, l'ordre donne la beauté. Enlevez la discrétion, et la vertu devient vice. » Saint Grégoire de Nysse affirme la même chose : « Ce qui se fait sans modération et à contre-temps n'est point un bien ; mais une action est bonne et vertueuse lorsqu'elle est accomplie avec mesure et opportunité. Quand la mesure convenable manque ou excède, la vertu disparaît. » Dans des temps plus rapprochés de notre époque, Fénelon montre les tristes résultats de ces exagérations dévotes : « Cette personne qui afflige son corps par des pénitences extraordinaires, dit-il, s'imagine qu'elle est en droit de mortifier les autres. Comme si, en retranchant les plaisirs et les commodités de son corps, il lui était permis de donner à son esprit cette liberté de censurer et de contredire. N'est-ce pas une chose déplorable que de voir des gens qui veulent s'en faire accroire, parce qu'ils pratiquent certaines vertus, et qui regardent la violence qu'ils se sont faite, comme un titre de gêner les autres et de se flatter eux-mêmes dans leurs inclinations dominantes. Commencez par les devoirs de l'état où Dieu vous a mis ; sans cela vos vertus ne seront que des fantaisies ; et, en voulant glorifier Dieu, vous scandaliserez tout le monde. »

Mais, dira-t-on, il y a des saints qui ont pratiqué

des vertus extraordinaires. Je répondrai avec saint Thomas : « Que la sainte Écriture loue chez les saints des choses qui ne sont pas toujours louables en elles-mêmes ; seulement l'Esprit saint leur tient compte de leurs bonnes intentions. » D'ailleurs, les saints ont pu se trouver en des circonstances particulières de lieux, de peuples, d'époques et de caractères, circonstances qui expliquent et justifient leurs actes ; et les choses extraordinaires qu'ils ont pu faire avec de bonnes raisons seraient chez nous de vraies folies.

Qu'il n'y ait donc, dans nos exercices de piété, rien de bizarre, de singulier, d'extraordinaire, d'exagéré ; que tout soit digne et convenable ; et que notre vertu soit simple, toute tournée vers nos devoirs, et toute munie du courage, de la confiance et de la paix que donnent la bonne conscience et l'union sincère à Dieu.

> Que votre piété soit sincère et solide,
> Ne faites point un art de la dévotion,
> Et qu'à ses mouvements la prudence préside,
> Chacun doit être saint dans sa condition.

Le dernier abus que nous devons éviter dans l'accomplissement de nos exercices de piété, c'est de les faire à contre-temps.

Nous devons accomplir nos actes de dévotion,

avec ce tact qui nous enseigne l'opportunité du temps, du lieu, de la bienséance extérieure, et les égards dus aux personnes qui nous entourent. Il est des pratiques excellentes en elles-mêmes et dont nous devons nous abstenir parce que ce n'est ni le temps, ni le lieu de les observer, que la convenance ne serait pas assez ménagée dans notre manière de procéder; ou bien encore parce que nous importunerions les personnes avec lesquelles nous sommes obligés de vivre. Deux règles doivent nous diriger : le bien de notre âme, puis l'édification et l'utilité du prochain. Nos exercices religieux doivent donc faciliter nos actes de vertu, leur préparer un appui extérieur, assouplir ce qu'il y aurait de trop résistant dans notre nature, et enlever les obstacles à la pratique du bien. Mais ces pratiques de piété ne doivent jamais nuire à l'accomplissement de nos devoirs. C'est ce qui faisait écrire à M*me* de Maintenon ces quelques mots à une personne pieuse, mais dont la maison était tout en désordre : « Voyez notre illusion : nous nous attachons à une pratique de surérogation dans le temps que nous manquons à nos plus pressantes obligations. » Fénelon fait à peu près la même observation : « Voyez cette personne, dit-il, elle sera fervente et scrupuleuse pour les œuvres de surérogation, pendant qu'elle sera relâchée et infidèle pour ses devoirs même les plus précis et les plus rigoureux. Telle autre mortifiera son corps par toutes sortes d'austérités, et jeûnera hors des temps où elle doit le faire, mais elle n'aura aucun soin de mortifier et d'adoucir son humeur brusque et incompatible. » « Une pareille dévotion est déréglée, ridicule, insupportable. » Ce sont les expressions même de saint Bernard.

Le contre-temps dans les meilleures choses est ce qu'il y a de pire ; d'autant plus que le monde en prend occasion de calomnier la piété et de prétendre que la dévotion rend impropre aux devoirs les plus essentiels. « Certes, dit un auteur très compétent en pareille matière, si les personnes qui vivent dans le monde et dans la société désirent mener une vie dévote, qu'elles n'aillent pas s'imaginer qu'une vie monastique plus ou moins déguisée, plus ou moins tronquée, soit le genre de spiritualité qui leur convient. Leur position et leurs devoirs leur ôtent le libre usage de leur temps, elles ne peuvent diviser leur journée en demi-heures, en quarts d'heures, comme si elles étaient dans un paisible cloître, n'ayant d'autre obligation que d'obéir à la cloche du couvent. C'est pourquoi, dans neuf cas sur dix, dire aux personnes de cette catégorie de se tracer une règle et de s'astreindre à la suivre, les forcer à s'assujettir à des heures fixes pour vaquer à leurs exercices de piété, équivaut à dire aux personnes qui composent la société moderne qu'elles ne doivent pas aspirer à mener ce qu'on appelle une vie dévote. »

Imbue de tous les sages principes que nous venons d'énumérer, notre bonne mère faisait tout avec ordre, mesure et sagesse. Jamais ses pratiques de dévotion ne nuisaient à ses devoirs. Mère de famille, femme de ménage, institutrice, épouse chrétienne vivant dans le monde, elle avait une multitude d'occupations indispensables, et, en s'y montrant constamment fidèle, une grande partie de son existence était absorbée, de sorte que chaque soir elle pouvait dire avec le prophète : « Mon Dieu, je me suis mise à l'œuvre dès le matin, et cependant, ma tâche est à recommencer pour le lendemain. » Sa vraie piété, loin de s'opposer à ses devoirs d'état, en favorisait, en facilitait l'exécution, et en rendait l'exercice plus doux et plus prompt, Toute pratique de surérogation était sacrifiée quand il le fallait, à une obligation et souvent même à une véritable convenance de position. Elle donnait presque tout son temps aux affaires de la maison, à l'ordre de sa classe, à l'instruction de ses élèves, au soin de ses enfants, aux attentions délicates qu'elle devait à son mari, à la charité qu'elle avait pour le prochain ; ce qui ne l'empêchait pourtant pas de faire la prière du matin et du soir en famille, d'assister au saint office de la messe, les jours de dimanches et de fêtes, avec tout son monde ; et, en général, de se soumettre avec une obéissance filiale et un religieux respect à tous les exercices commandés par la loi divine et ecclésiastique: exercices si rares qu'ils ne surchageaient pas son âme toujours remplie de bonne volonté, et elle portait avec amour et facilité ce joug si doux et si léger. Du reste, ces pieux exercices doublaient les forces de son esprit et de son cœur, et lui donnaient une activité merveilleuse ; car, ce que l'on doit accorder à Dieu, bien loin de rien enlever à nos affaires, multiplie l'attention, le dévouement, la force, le courage et favorise le succès. Les exercices religieux deviennent comme la nourriture et le breuvage que l'on donne au moissonneur, au millieu de ses travaux et pendant les chaleurs de l'été ; évidemment le moissonneur cesse un instant son dur labeur pour prendre les aliments, boire une liqueur fortifiante et se donner quelques moments de repos. Cependant qui oserait dire qu'il perd son temps !

CHAPITRE XXV.

MADAME DAUTRY AVAIT UNE PROFONDE VÉNÉRATION POUR LE SACERDOCE ET UN GRAND RESPECT POUR LE PRÊTRE.

Dans la profondeur de ses vues, le divin législateur des chrétiens n'a établi que deux sacrements sociaux : l'ordre et le mariage ; car, il n'y a que deux états dans la vie, le célibat et le mariage. Ainsi, sans s'embarrasser des distinctions civiles inventées par notre étroite raison, Jésus-Christ divise la société en deux classes. A ces classes, il ne donne point de lois politiques, mais des lois morales. Quand on songe que le mariage est le pivot sur lequel roule l'économie sociale, peut-on supposer qu'il soit jamais assez saint ? On ne saurait donc trop admirer la sagesse du Sauveur qui l'a marqué du sceau de la religion et l'a élevé à la dignité de Sacrement. Mais il semble à peu près démontré qu'il faut, dans un grand état, des hommes qui, séparés du reste du monde et revêtus d'un caractère auguste, puissent, sans enfants, sans épouse, sans les embarras du siècle, travailler aux progrès des lumières, à la perfection de la morale et au soulagement du malheur ; semblables à des abeilles qui composent un miel céleste avec la fleur des vertus. Et, quand ces hommes sont choisis et sanctifiés pour administrer les choses saintes, et attirer par leurs prières la bénédiction de Dieu, cela apparaît encore avec beaucoup plus d'évidence. De là l'institution du Sacrement de l'ordre et son auréole de virginité. La connaissance divine de l'homme civil et moral est renfermée tout entière dans ces deux institutions.

Madame Dautry avait la plus profonde vénération pour le sacerdoce chrétien, parce que, instruite comme elle l'était, elle en comprenait la grandeur par la considération attentive des caractères qui le distinguent immuablement et forment comme le sceau divin dont il fut marqué à son origine. Et d'abord, il est un : de même qu'il n'y a qu'un Dieu, il n'y a qu'un médiateur de Dieu et des hommes, Jésus-Christ, apôtre et pontife de notre foi, toujours vivant pour intercéder en notre faveur. Tout prêtre, dans l'exercice de ses célestes fonctions, représente « Jésus-Christ, ou plutôt est

Jésus-Christ même qui seul opère véritablement et qu'annoncent les paroles et les actes de son ministre. Et, non seulement le sacerdoce est un, il est encore universel, car tous les peuples ont été donnés en héritage à Jésus-Christ, et depuis le lever du soleil jusqu'au couchant, en tous lieux, le sacrifice doit être accompli et l'offrande pure présentée au Seigneur. Il est éternel ; car, de toute éternité, Dieu a dit au Christ : « Tu es prêtre éternellement selon l'ordre de Melchisédech. Il est saint ; car il convenait que nous eussions un tel pontife, saint, pur, sans tâche, séparé des pécheurs et élevé au-dessus des cieux. Oh ! qu'elle est élevée, qu'elle est sublime la dignité du prêtre ! revêtu de la mission du Fils de Dieu pour le salut du monde, ses devoirs sont proportionnés à une si haute vocation, et c'est à lui surtout qu'il est dit : « Soyez saint parce que moi, le Seigneur votre Dieu, je suis saint. »

Non seulement Mme Dautry révérait le sacerdoce d'une manière générale, mais elle était remplie de respect pour chacun de ses membres. Les Filles de la Sagesse lui avaient dit tant de fois que le prêtre était le représentant de Jésus-Christ sur la terre, le dispensateur des divins sacrements, l'homme de Dieu en un mot, humble, modeste, chaste, instruit, doux, pacifique, puissant pour persuader la vérité et convaincre ceux qui la combattraient, qu'elle le vénérait comme elle eût vénéré un saint ou un ange ; elle lui était d'une docilité parfaite dans les choses qu'il disait ou qu'il ordonnait en sa qualité de ministre de l'Eglise, selon cet ordre du Sauveur : « Qui vous obéit, m'obéit. »

Et puis, le prêtre lui apparaissait encore respectable à d'autres titres, selon ces judicieuses considérations d'une de nos plus brillantes illustrations poétiques, Lamartine. « Les natures qui se destinent à cette vie âpre, ingrate, contemplative, de renoncement sur la terre et d'habitation anticipée dans le ciel, sont des natures graves, mélancoliques, chastes de cœur, sevrées des passions énergiques qui troublent la vie, inclinées à l'obéissance, au recueillement, à l'adoration, à la prière, à l'abnégation des choses terrestres pour les choses célestes... La profession du sacerdoce est un exercice habituel et constant de certaines facultés morales de l'homme au détriment des autres facultés. Cet exercice commandé depuis l'enfance jusqu'à la tombe par la profession, fortifie les bons penchants et atténue les mauvais. La vertu est une force : on centuple cette force, comme toutes les autres, en l'exerçant. Qui oserait prétendre que la lutte ne forme pas l'athlète? la bataille, le guerrier? la tribune, l'orateur? la réflexion, le philosophe? Pourquoi l'étude, la prière, le recueillement, le combat corps à corps contre la nature, ne formeront-ils pas aussi la piété et la vertu? L'habitude seule de la méditer, de la prêcher, de la pratiquer dans ses actes extérieurs, suffirait pour en inspirer le goût et pour en former la réalité dans l'âme.

Le grand respect de Mme Dautry pour le prêtre, se révéla surtout lors de la vocation de son enfant. Quand M. Dhuisme, le premier curé d'Ouzouer-des-Champs, arriva dans cette paroisse, elle avait un fils qu'elle aurait bien voulu offrir à l'autel; mais elle était si humble, elle avait de si bas sentiments d'elle-même, qu'elle se disait : « Je suis une trop pauvre femme pour que la grâce de la vocation sacerdotale vienne saisir mon enfant : une petite institutrice comme moi, sans mérite, sans fortune, sans crédit, sans connaissances, ne doit pas penser à un honneur si grand et si sublime. » Et elle repoussait le désir de son cœur comme une tentation qui avait tort de l'obséder. M. Dhuisme, au contraire, sachant le bien qui avait été fait surtout par elle à Ouzouer, et admirant la sainteté de vie de cette humble femme du peuple, lui dit, un jour : « Mme Dautry, c'est Dieu, vous n'en doutez pas, qui sème dans le cœur d'un enfant les germes précieux du sacerdoce, lui qui les cultive, lui qui les fait naître, lui qui les protège, lui qui les fait épanouir ; priez-le donc et, n'en doutez pas, il vous exaucera. » « Oh ! que je serais heureuse, « s'écria la pieuse mère, « si Dieu voulait bien ne pas juger mon sang trop indigne de cette faveur. O mon Dieu, si vous preniez mon enfant, comme je le vous conduirais moi-même avec bonheur à l'autel, comme je serais fière de vous le consacrer. » Et, à partir de ce moment, elle priait et elle espérait. Son enfant n'avait pas encore quatre ans qu'elle lui faisait réciter un joli petit sermon dont le souvenir est resté dans la famille. A force de soin et de patience, elle lui avait appris, avant sa sixième année, à servir la messe ; et la bonne supérieure Octavie avait très gentiment fourni les premiers vêtements du nouvel enfant de chœur.

Cependant Mme Dautry ne faisait pas connaître ouvertement à son fils les vœux qu'elle adressait pour lui au ciel. Elle savait que la vocation ecclésiastique vient de Dieu ; elle n'entendait donc pas la créer, mais seulement la découvrir et l'aider discrètement à éclore. Un jour pourtant le vœu de son cœur lui échappa, elle venait d'apprendre que la commune lui allouait la somme annuelle de deux cents francs, et il y avait joie dans la famille. Deux cents francs, c'est une si grosse somme pour un petit ménage ! « Maman, » lui dit l'enfant encore tout jeune, « qu'est-ce que nous ferons de cet argent-là ? » « Mon fils, » lui répondit la pieuse mère, « c'est le bon Dieu qui nous l'envoie pour pourvoir à tes frais de séminaire, si tu veux bien y aller. » Et, comme si elle eût eu regret de cette réponse échappée à l'abondance de son cœur, il n'en fut jamais plus question. Seulement le sentiment de la beauté du sacerdoce, de la sainteté et de la dignité sublime du prêtre était si profond en elle, que l'enfant le comprenait et il lisait sur le pieux visage de sa mère, le souhait qu'elle ne voulait point exprimer : oh ! que je serais heureuse, si le bon Dieu t'appelait à son autel.

Ses vœux furent exaucés ; l'enfant fut admis au séminaire, et, seule, sans autres ressources que son courage, elle sut suffire à toutes les dépenses. Au jour de l'ordination de son fils, elle s'abîma dans son bonheur, et il s'échappa de son âme des cris de foi, d'amour et de reconnaissance. Quand, après la touchante cérémonie qui m'avait consacré à Dieu, je revis ma mère, une paix immense, ineffable, dont la paix de sa jeunesse n'était qu'une ombre, remplissait son cœur ; et, selon la belle comparaison d'un auteur contemporain, comme on voit dans un beau soir d'été : à un certain moment, tous les bruits tombent, toutes les voix s'apaisent, et du fond des vallées monte un silence qui ravit ; ainsi, au soir de cette belle journée, tous les désirs disparaissaient en ma mère ; toutes ses inquiétudes, toutes ses vagues appréhensions s'étaient calmées, il ne restait plus dans son âme qu'une inaltérable sérénité. Un rayon de cette paix, de cette sécurité toute divine apparaissait sur son front et achevait de donner à sa physionomie quelque chose de céleste.

Un peu plus tard, quand j'entrai dans le saint ministère, cette mère qui, durant les années d'éloignement de son fils, avait tant travaillé, avait enduré tant de privations pour lui et qui toujours l'avait tant adoré, abandonna le pays qu'elle aimait, sa position, son état, ses élèves, ses autres enfants, pour s'attacher à sa fortune, le suivre au milieu des agitations de cette vie de trouble et d'alarmes, et jamais cependant elle ne détourna au profit de sa tendresse maternelle, les moments précieux de sa sainte mission, Au contraire, elle l'aida de tout son pouvoir, dressant les enfants de chœur ; reprenant sa profession d'institutrice pour élever chrétiennement les jeunes garçons et les jeunes filles; se mettant à la tête du chant, des hymnes et des cantiques de l'Église, de ces cantiques surtout qui sont un antidote aux chansons obscènes et lascives.

Saint Jérôme rapporte que vers la fin du quatrième siècle, on entendait partout retentir, au milieu des travaux champêtres de la Palestine, les cantiques de David : ils étaient les chants de joie du laboureur, du moissonneur et du vigneron. Je puis affirmer aussi que tant que ma pieuse mère eut assez de forces pour présider ces chants de cantiques, ils devinrent si populaires qu'ils finirent par être les chants de joie, sinon de tous les laboureurs, de tous les moissonneurs et de tous les vignerons, au moins de tous les enfants du village.

Pourtant, si la providence lui avait ménagé alors une position que le monde appelle un état prospère, elle y sentit par fois des épines sous ses pieds et un poids accablant sur son cœur. Aujourd'hui, le curé de campagne vit au milieu de populations ravagées par l'indifférence, ayant devant lui une immense journée, et rien à faire. Et les jours se suivent et se ressemblent, et les semaines, et les mois ! O solitude ! O douleur d'un jeune prêtre qui a de si ardents désirs de faire du bien et qui ne le peut pas ! Les épines se lèvent dans le champ de son existence, comme les germes qui se multiplient au printemps : les brisements de cœur, les déceptions, les amertumes de tout genre, rien ne lui est épargné ; pas même l'outrage et la persécution. Dans les temps anciens, aucun sacerdoce n'a été persécuté. L'Indien, l'Égyptien, sur les bords du Gange ou du Nil, n'a pas insulté ses prêtres. La Grèce si railleuse et si hardie n'a pas méprisé les siens. Rome n'a jamais failli, même au jour de sa décadence, au respect séculaire dont elle entourait ses pontifes. Mais, dans le souffle mauvais qui passe en ce moment sur notre France, on soupçonne toutes les démarches du prêtre, et on incrimine jusqu'à son dévouemnt, ou, tout au moins, le monde le foule aux pieds, comme ces fleurs fanées dont il n'a plus rien à attendre.

D'autre part, il s'élève dans l'âme de ce pauvre prêtre certaines tempêtes de l'imagination et certains orages du cœur, il voit des confrères placés dans des postes plus occupants que le sien, et cette maxime de La Rochefoucault lui revient involontairement à l'esprit : « Les rois font des hommes comme des pièces de monnaie ; ils les font valoir ce qu'ils veulent. » Puis quand les cheveux blancs viennent couronner son front, la promesse d'obéissance qu'il a faite, jeune prêtre, lui paraît pesante, dans certaines circonstances de sa vie ; et alors il est obsédé par cette amère pensée : Les hommes sont partout les mêmes : dans toutes les positions de la vie sociale ils veulent dominer. C'est si agréable de commander, d'imposer sa volonté, de soumettre le libre arbitre d'autrui à son libre arbitre à soi !

Mme Dautry ne laissa pas porter seul à son fils cette triple couronne d'épines ; son dévoûment pour lui devenait alors admirable ; elle redoublait de soins, d'attentions, de services, et surtout de cette touchante affection qui, dans la vie, adoucit toutes les peines. Elle en appelait aussi à sa foi, dans ces moments de la vie où il y avait quelque douleur dans l'âme, quelque pesanteur morale, et elle lui faisait considérer bien doucement que cette vie est un temps d'épreuves : c'est l'heure où l'or arraché aux carrières est jeté dans un creuset où il bouillonne dans le feu, où il se sépare des parties étrangères. Cette vie est un moment de transition; et le ciel, pour chaque âme, est l'heure où les anges recueillent l'or ainsi purifié, et le font servir à l'ornement d'un monde meilleur. Insensiblement l'orage élevé dans le pauvre cœur de son fils se calmait, et tout était changé en mieux, les tendres paroles d'une mère sont un cordial qui soulage toujours. Ah ! si je n'étais pas si loin de la vertu de ma mère, je dirais que cette affirmation de notre célèbre Gresset fut vraie pour nous deux pendant les trente-trois premières années de mon saint ministère :

.....L'union de deux cœurs vertueux,
L'un pour l'autre formé, et l'un pour l'autre heureux
Peut adoucir les maux, peut embellir la vie.

CHAPITRE XXVI.

MADAME DAUTRY A DONNÉ L'EXEMPLE DE LA PERFECTION CHRÉTIENNE DANS LE MARIAGE.

Il se trouve dans le monde des esprits peu éclairés qui croient que la perfection chrétienne ne se trouve que dans le cloître, oubliant que la religion du père de tous les hommes, du fondateur des sociétés humaines, qui a organisé lui-même les différentes positions, et qui exerce sa paternité universelle partout, sans acception de personne, est une religion qui, avant tout, place la racine du vrai mérite dans l'intérieur de l'homme et dans les richesses du cœur. C'est donc une grande erreur.

Pourtant l'Église enseigne, diront ces âmes qui ne voient que l'écorce extérieure des choses, et n'aperçoivent pas le vrai fruit qu'aiment à cueillir les anges, que la vie religieuse est plus parfaite que celle du monde. Oui, sans doute, mais il faut bien comprendre la valeur des expressions et le sens que l'Église y attache. La vie religieuse est plus parfaite en ce sens qu'elle offre aux âmes qui y sont appelées des moyens extérieurs plus faciles et plus nombreux de perfection, qu'elle les éloigne de bien des dangers, qu'elle les place sous une dépendance plus complète et plus immédiate de Dieu, et que l'homme peut ainsi avec plus de facilité adhérer entièrement au Seigneur. Mais, selon la remarque de saint Augustin : « Il ne faut pas trop louer les communautés, ni supposer que ce genre de vie n'ait point ses inconvénients et ses misères ; car il arrive que ces professions et ces états de vie, étant loués sans circonspection, attirent les hommes par ces applaudissements ; mais bientôt on peut y découvrir ce qu'on ne soupçonnait pas, et alors il en résulte une amère et quelquefois dangereuse déception... Les communautés sont un port ; mais lorsque le vent entre avec violence dans le port, les vaisseaux qui y demeuraient tranquilles se choquent et se brisent les uns les autres. » De ces maximes si sages et tous les jours confirmées par l'expérience, le même docteur en conclut qu'il ne faut louer aucune profession d'une manière immodérée, mais toujours avec la réserve que commandent les imperfections inhérentes à l'humanité.

D'ailleurs, la racine, la forme, la fin, le complément et le lien de la perfection, c'est l'amour de Dieu. Une personne mariée qui a dans son cœur plus d'amour divin qu'une religieuse, est donc plus parfaite qu'elle. Cela est si vrai qu'un Père du désert n'a pas craint de faire cette affirmation : « Si nous considérons la racine de tout mérite, qui est l'amour divin, nous devons dire que l'œuvre la plus méritoire est celle qui procède d'une plus grande charité ; et ainsi, quoique le martyre soit plus méritoire en soi que la vie d'un simple confesseur, cependant ce dernier peut être plus agréable à Dieu qu'un martyr. » D'autre part, saint Auguste enseigne : « qu'une femme mariée, qui est humble, vaut mieux qu'une vierge consacrée à Dieu et qui serait orgueilleuse. En sorte que, dit le grand évêque d'Hippone, si nous comparons les états, il est incontestable que la virginité est plus parfaite que le mariage : mais si nous comparons les personnes, celle-là est la meilleure qui possède de plus grandes richesses spirituelles. » De là aussi ce mot de saint François de Sales : « La vraie dévotion est, à l'égard de chaque état légitime, comme la liqueur qui prend la forme du vase où elle est mise. »

Il est donc évident que la perfection chrétienne est comme le rayon du soleil qui pénètre partout, dans les réduits les plus obscurs et les plus tristes, dans les chaumières les plus pauvres comme dans les palais des princes, et qui conserve partout sa limpidité originelle. Les lieux, les personnes, les châteaux, les cahutes du sauvage, les maisons dorées et les citernes, rien n'altère et ne change les rayons de l'astre du jour, parce qu'ils tirent leur pureté du soleil et la conserve partout ; il en est de même de la perfection : rayon d'amour parti du cœur de Dieu, il se répand dans toutes les conditions de la vie humaine ; ce n'est point la position qui lui donne sa valeur essentielle, c'est la dose de lumière et de chaleur qu'il tient de la source et qu'il conserve au milieu de la grande variété des affaires humaines.

Mme Dautry a donné une nouvelle preuve de cette vérité inconstestable que la perfection chrétienne peut s'harmoniser avec la presse des affaires temporelles. Convaincue que « C'est une erreur et même une hérésie, comme l'a si bien dit un grand saint, de vouloir bannir la vie dévote du ménage des gens mariés, et que tout n'est plus qu'illusion quand on cesse de remplir les devoirs de sa position sociale et d'en avoir une haute opinion, » elle s'appliqua à rendre à son mari et à ses enfants tous les services de l'affection la plus tendre et la plus dévouée ; rien n'échappa à son action ; elle vivifiait tout, car elle était elle-même remplie d'une vie divine : son cœur était suspendu dans l'intérieur de la maison, comme un bouquet céleste qui rafraîchissait la vue et parfumait l'atmosphère, parce qu'elle possédait un parterre de vertus chrétiennes, et que chaque jour elle y renouvelait sa provision. Si, dans les tribulations de la vie domestique, dans les peines intérieures et extérieures, elle fut admirable de patience et de résignation, c'est qu'elle puisait une force héroïque dans le cœur tout puissant de Dieu. Elle fut donc du nombre de ces femmes parfaites qui faisaient dire à Libanius en contemplant la mère de saint Jean Chrysostome : « quelles admirables femmes que ces femmes chrétiennes. »

Quand il se trouve de pareils intérieurs de ménage, les anges doivent s'arrêter avec une respectueuse complaisance, et appeler sur eux les bénédictions les plus abondantes du Seigneur. « Il serait même possible qu'il y eût plus de vraie sainteté dans ces demeures humbles et modestes, que dans plusieurs maisons spécialement consacrées à Dieu, » a dit un grand évêque, Le trait suivant va nous en donner la preuve. On raconte, dans la vie des Pères du désert, qu'un jour un saint anachorète nommé Macaire entendit une voix qui lui dit : Macaire, tu n'es pas encore arrivé à un aussi haut dégré de perfection que deux femmes qui demeurent dans une ville voisine. Aussitôt le vieillard prend son bâton et va frapper à la porte de la maison désignée ; il s'assied et demande à ces deux femmes : quelle est donc votre vie ? car c'est pour le savoir que j'ai entrepris un pénible voyage. Elles lui répondirent ; nous sommes mariées aux deux frères : depuis 15 ans nous sommes dans la même maison ; nous n'avons pas souvenir d'avoir jamais eu ensemble une parole de dispute, et ces quinze années se sont passées dans la paix et dans la concorde. Nous avions le projet de nous faire religieuses ; nos maris ont refusé leur consentement ; alors nous avons pris la résolution de vivre plus saintement sous le regard de Dieu, et d'éviter dans nos discours tout ce qui ne serait pas assez chrétien. En entendant ces paroles le vieil anachorète s'écrie : « En vérité, je le dis, il n'y a plus ni vierge, ni femme mariée, ni moine, ni séculier, mais Dieu donne son esprit à tous, selon la vocation de chacun. »

« Si quelqu'un, disent les commentateurs du chapitre XII de l'épitre de saint Paul aux hébreux, si quelqu'un prétend que le mariage est un obstacle à la vertu, qu'il sache que c'est plutôt sa mauvaise volonté. Agissez-y avec modération et sagesse, vous pourrez être les premiers dans le royaume des cieux, et vous jouirez de toutes sortes de biens »

Avant que la gloire du ciel lui fut réservée, comme la dernière couronne de son bonheur, non seulement notre mère arriva à la perfection chrétienne en se montrant, dans le saint état du mariage et dans les obligations du veuvage, d'une exactitude invariable dans l'accomplissement de tous ses devoirs, supportant avec une rare patience le poids du jour et de la chaleur, souffrant avec calme les ennuis et la monotonie d'une vie toujours la même, étant un ange au milieu d'occupations assez vulgaires, aimant Dieu de tout son cœur sous une forme de vie simple et commune : mais elle finit aussi, après bien des épreuves, par connaître les consolations dont parlent ces commentateurs. Entourée de ses enfants et de ses élèves qu'elle avait élevés dans la crainte de Dieu, elle les vit croître et prospérer autour d'elle, comme des rejetons d'oliviers toujours verdoyants. A leur vue, son cœur s'épanouissait, son visage était souriant; c'était le soleil qui va bientôt se coucher dans un ciel pur, et qui, avant de disparaître sous l'horizon, semble arrêter sa marche, et jette un regard de complaisance sur la nature qu'il a vivifiée. Elle se ressouvenait avec bonheur des joies si pures que l'affection des Filles-de-la Sagesse lui avait fait goûter dans sa jeunesse et les noms de ces saintes religieuses revenaient sans cesse sur ses lèvres ; elle remerciait Dieu des bénédictions que le ciel se plaisait à verser sur sa famille ? les longs et assidus travaux de toute sa vie, les peines qu'elle avait éprouvées, les préoccupations et les soucis qui, pendant un certain temps, avaient assombri son existence, tout lui devenait un sujet de bonheur ; elle était heureuse, elle jouissait, comme le jardinier qui trouve, dans le souvenir de ses rudes travaux et de ses sueurs un sujet de consolation, parce qu'il recueille en automne les fruits abondants de ses journées de labeurs et de souffrances.

Ce fut surtout à sa dernière heure et sur la couche funèbre que son sourire prit une expression angélique. Elle fut sans doute obligée de dire avec le saint patriarche : « Mon pélerinage a été semé de jours courts et mauvais ; » c'est la loi de toute créature humaine, et du reste, les larmes de la douleur et du sacrifice sont la meilleure rosée pour certaines croissances surnaturelles de l'âme ;

mais après cet aveu que réclamait la vérité, elle put ajouter : « Mon Dieu, j'ai achevé ma course, j'ai consommé l'œuvre que vous m'aviez confiée ; et maintenant je retourne à vous, l'auteur de toute paternité, afin de vous aimer et de vous prier encore avec plus d'amour et de ferveur pour ceux qui vont demeurer après moi. »

Et nous, nous n'en perdrons jamais le souvenir, quand elle eut pris son vol vers le ciel, il resta sur ses lèvres, sur ses yeux et sur son front une expression de sourire angélique qui fut comme le dernier adieu de son âme, et qui semblait demeurer pour nous parler encore de son bonheur.

CHAPITRE XXVII.

MORT DE MADAME DAUTRY.

Heureux celui qui a devant ses yeux un ami vertueux, de manière à vivre comme en sa présence, et à faire toutes ses actions comme sous son regard. Heureuse l'âme qui a un modèle qu'elle révère, et dont l'autorité sanctifie ses plus secrètes pensées. Cet ami viendrait-il à disparaître que son souvenir parlerait et agirait encore, ne serait-ce que pour lui rappeler certaines imperfections de sa vie. Auguste-César, après une faute, ne s'écriait-il pas en gémissant : « Rien de cela ne me serait arrivé si Agrippa ou Mécène eussent vécu. » Et Sénèque, pour nous faire bien sentir la vérité de ce que nous venons d'affirmer, emploie cette belle comparaison : « Il est des remèdes salutaires qu'on ne peut ni avaler ni appliquer et dont l'effet s'opère par l'odorat. Ainsi la vertu fait sentir son utile influence, même de loin et du fond de sa retraite ; soit qu'elle puisse s'étendre en liberté et user de ses droits ; soit qu'elle se trouve forcée de replier ses voiles ; dans toutes les situations possibles, elle sert toujours. »

Mais j'ajouterai : « Plus heureux encore est celui qui vit sous la salutaire influence d'une bonne, d'une intelligente et sage mère. Voyez avec quelle tendresse elle aime son enfant ; avec quelle prudence elle le conseille dans les dangers ; avec quel dévouement elle le secourt dans ses besoins ; avec quelle subtilité elle excuse ses fautes : tantôt elle les souffrira patiemment, tantôt elle les châtiera avec justice, tantôt elle les dissimulera avec autant de sagesse que de **générosité**, car l'amour maternel a ces différentes vertus à son service. Comme elle se réjouit de sa prospérité ! comme elle souffre de ses maux ! Elle ne souffrirait pas davantage s'ils lui étaient personnels ; et alors, comme elle demeure muette et pensive ! ne dirait-on pas la statue de la douleur sur la pierre d'un mausolée ! Quel zèle elle a pour l'honneur de son enfant ! Avec quelle ferveur elle prie Dieu pour lui ! Son amour pour Dieu et son amour pour son enfant ne font qu'un ; ils croissent ensemble, ils se développent et s'entrelacent pendant le cours de la vie. En toutes choses, elle s'occupe plus de son fils que d'elle-même : et moins il reconnaîtra son amour, plus elle lui témoignera de tendresse et de dévouement. Des astrologues chaldéens ayant dit à Agrippine, mère de Néron, que son fils obtiendrait l'empire, mais qu'il tuerait sa mère : « Qu'il la tue, dit-elle, pourvu qu'il règne. »

J'ai tracé le portrait d'une mère digne de ce nom, je viens de faire le portrait de ma mère. Elle vivait avec moi depuis longtemps : son âme, comme une journée d'été, s'embellissait des teintes du soir ; sa piété sereine et toute composée de bénédiction, de reconnaissance et d'espérance, était communicative, et sa présence éclairait, vivifiait ma maison. Je l'aimais de toute l'ardeur de mon cœur, cette mère chérie ; j'obéissais, sans le savoir, à cette domination si tendre ; j'étais soumis et caressant parce que tout en elle était amour et bonté, et mon âme, vis-à-vis de la sienne, ressemblait à l'écho qui répond doucement à un appel harmonieux.

Mais, hélas ! il me devenait facile de prévoir la perte si douloureuse qui allait changer ma vie et m'apprendre l'isolement, le chagrin et les pleurs.

Un être seul vous manque et tout est dépeuplé.

Je remarquais que ma mère lisait et relisait un pieux livre intitulé : *les saints désirs de la mort ;*

c'est que, comme une moissonneuse fatiguée qui cherche l'ombre et le repos au milieu du jour, elle se prenait à soupirer pour les beaux ombrages de l'arbre de vie qui croît près du trône du seigneur, et pour les eaux vives et sanctifiantes qui l'arrosent. Ses forces disparaissaient rapidement : nous nous comprenions et nous restions muets l'un et l'autre. Ce fut elle qui eut le courage d'aborder la pensée d'une cruelle séparation. Un jour que je me promenais sur ses pas : « Mon fils, » me dit-elle, gravement et tendrement, » je ne pensais pas te voir à l'âge de près de soixante ans, mais il faut enfin se séparer. Je ne puis plus faire le bien sur cette terre, et je ne te suis plus d'aucune utilité. » Comme elle me voyait très ému : « Ne prends pas de la peine, mon cher enfant, » ajouta-t-elle, « notre séparation ne sera pas bien longue, puisque le bon Dieu a voulu que je puisse te voir avec des cheveux blancs. » Et, tirant son anneau de son doigt, elle me l'offrit. « Mon fils, » me dit-elle, « prends mon anneau comme le dernier gage de ma tendresse ; il te rappellera toutes mes prières, tout mon amour et toutes mes sollicitudes pour toi. » Je pris l'anneau en baisant la main de ma mère ; elle fut humiliée de cet acte, car elle ne voyait pas en moi le fils, mais le prêtre. Elle avait apporté ses petites économies et l'argent du ménage ; elle me remit le tout en m'adressant ces paroles : « Mon fils, le défaut de mémoire ne me permet plus de gérer tes petites affaires, sois assez bon pour te charger du tout. Du reste, mon cher enfant, tu comprends bien que je dois, pour le peu de temps qui me reste à vivre, ne plus m'occuper que de recueillir mon âme pour paraître devant le bon Dieu. Quand je ne serai plus en ce monde, je n'ai pas besoin de te le recommander, car je connais ton cœur, tu ne m'oublieras pas au saint autel, en quelque lieu que tu sois. » Puis elle fit venir sa petite-fille qu'elle avait élevée depuis l'âge de quatre ans et qui en avait alors trente-sept, et la prenant doucement par la main : « Ma fille, » lui dit-elle, « voilà toutes les clefs, sois une bonne ménagère, prends bien soin de la santé chancelante de ton oncle, et efforce-toi toujours d'être un modèle de vertu. »

Ainsi détachée de tout, n'ayant plus rien à faire dans cette vallée de larmes, elle attendit le signal. Hélas ! il ne devait pas tarder ; Dieu lui en avait donné le pressentiment. Quelques jours après ses touchants adieux, elle était frappée d'une suite de congestions cérébrales et d'attaques de paralysie qui ne lui permirent plus de parler librement. Pendant de longues semaines elle éprouva bien des douleurs, et néanmoins la souffrance n'avait laissé aucune trace sur ses traits ; elle était conservée par l'atmosphère de résignation, de piété et de paix intérieure dans laquelle elle s'enveloppait, comme ces parfums fugitifs ou comme ces fleurs rares qu'on empêche de s'évaporer ou de se flétrir en les préservant du contact de l'air terrestre. Souvent nous la voyions joindre ses belles mains toujours potelées, et nous l'entendions, dans l'attitude de la prière, balbutier quelques pieuses paroles. Quand elle apercevait mes yeux se remplir de larmes en contemplant ce dur travail qui allait la dégager de son enveloppe mortelle, elle, plus forte que moi, m'encourageait de son regard où je lisais cette pensée : « Ne pleurs pas, mon fils, qu'ai-je à craindre. Je vais tomber entre les mains de celui que j'ai le plus aimé au monde. »

L'heure de cet instant si douloureux pour nous, cette heure de douce délivrance pour elle sonna enfin. Le dimanche vingt-trois octobre de l'année mil huit cent quatre-vingt un, à sept heures et demie du matin, au moment où nous pensions encore la séparation assez éloignée, notre mère nous regarda amoureusement, puis elle leva au ciel ses yeux qui n'avaient considéré sur la terre que son mari, ses enfants et les saints autels, et elle les referma doucement : elle n'était plus. Cependant son visage, qui avait pris l'expression d'un sommeil tranquille, était si doux, que nous ne pouvions pas croire encore que la mort eût planté sa bannière sur ce trophée chéri. Hélas! l'illusion ne fut pas de longue durée. Ma nièce jeta un cri de douleur, et alors je crus que la terre manquait sous moi.

Oh! oui, il faut en convenir, il y a dans la vie des jours si affreux, que nous défaillerions si une main invisible n'en allégeait le poids; il y a des douleurs si poignantes, des déchirements si profonds, si inexprimables, que la langue humaine n'a pas trouvé de nom pour les nommer, pas d'expression pour les faire comprendre. Celui qui les ressent s'étonne que le cœur de l'homme soit capable de tant souffrir sans succomber à la souffrance; qu'il soit assez grand pour renfermer tant d'amertumes sans se briser, assez fort pour les supporter sans mourir. Ah! c'est que dans ces instants si terribles pour la nature, celui qui a fait le cœur de l'homme fortifie sa faiblesse; il le soutient par une force secrète; et sa bonté abrège l'épreuve en diminuant l'intensité d'une douleur qu'il ne pourrait supporter longtemps si elle était toujours aussi poignante. Hélas! ils ne me démentiront pas, ceux qui ont passé successivement par toutes les phases de la douleur, ceux qui, après avoir perdu une à une toutes les affections qui les attachaient à la vie, après avoir vu tomber, sous les coups de la mort, tous les êtres qu'ils chérissaient, restent seuls, isolés dans le monde, semblables à ces lierres qui se traînent au milieu des ruines. Insensibles à toutes les consolations qu'on s'efforce de leur prodiguer, ils ne voient plus, n'entendent plus, ne comprennent plus rien, si ce n'est qu'ils ont tout perdu. Le monde ne leur apparaît plus que comme un affreux désert où ils ne trouveront désormais que l'isolement et l'abandon ; la vie, que comme un long et cruel martyre dont rien ne pourra plus adoucir la rigueur. Ah! quand l'âme est arrivée à ce paroxysme de la douleur, elle touche de bien près aux limites du désespoir ; et je ne m'étonne pas que ceux que la religion n'a pas nourris de ses divins enseignements, qui repoussent et son joug salutaire et ses maternelles consolations, ceux enfin qui voient la croix dépouillée de son rayonnement d'immortelles espérances, passent bien vite de la douleur au désespoir, et demandent au néant qu'ils espèrent la fin des maux qu'ils ne trouvent pas, en eux-mêmes, la force de supporter, et qu'ils épouvantent la société par des crimes si communs de nos jours.

Je replaçai sur la poitrine de ma vénérable mère le crucifix qu'elle m'avait donné dans mon enfance et qu'elle m'avait redemandé pour soutenir ses derniers moments. Puis je me mis à considérer ces yeux qui m'avaient regardé si amoureusement, cette bouche qui m'avait donné tant de doux baisers et surtout de si sages conseils, ces mains qui avaient tant travaillé pour moi.

> De son pieux espoir son front gardait la trace,
> Et sur ses traits, frappés d'une auguste beauté,
> La douleur fugitive avait empreint sa grâce,
>   La mort sa majesté.
> Un de ses bras pendait de la funèbre couche ;
> L'autre, languissamment replié sur son cœur,
> Semblait chercher encore et presser sur sa bouche
>   L'image du Sauveur.
> Et moi, debout, saisi d'une terreur secrète,
> Je n'osais m'approcher de ce reste adoré,
> Comme si du trépas la majesté muette
>   L'eût déjà consacré.

Bientôt les flots d'une douleur immense s'amoncelant dans mon âme, je disparus un instant, et, sentant se déchirer en moi cette double vie, composée de celle de ma mère et de la mienne, qui auparavant n'en faisaient qu'une, je fus percé jusqu'au fond du cœur par une souffrance effroyable qui fit affluer à mes yeux des ruisseaux de larmes.

La petite chambre où était morte ma mère se remplit bien vite des membres de ma famille, de mes bons paroissiens et de femmes pieuses qui passèrent le jour et le lendemain veillant et priant à mes côtés. Lorsque l'heure fut arrivée de déposer dans le cercueil de chêne le corps de ma mère chérie, je m'approchai de son lit, je la regardai longuement une dernière fois, et je déposai un dernier baiser sur ce front où toujours un rayon de paix et une sécurité toute divine apparaissaient et achevaient de donner à sa physionomie quelque chose de céleste.

Le saint sacrifice de notre rédemption fut offert pour elle à Vimory; et bientôt après, pâle, silencieux, abattu, dévorant mes larmes, je suivis le cortège funèbre jusqu'à Ouzouer-des-Champs où furent déposés ses restes mortels, selon la recommandation qu'elle m'en avait faite.

> Là, dort dans son espoir, celle dont le sourire
> Cherchait encor mes yeux à l'heure où tout expire,
> Ce cœur, source du mien, ce sein qui m'a conçu,
> Ce sein qui m'allaita de lait et de tendresse,
> Ces bras qui n'ont été qu'un berceau de caresses,
> Ces lèvres dont j'ai tout reçu!

Là, dorment soixante ans d'une seule pensée,
D'une vie à bien faire uniquement passée,
Tant de soupirs brûlants vers une autre patrie,
Et tant de patience à porter une vie
    Dont la couronne était ailleurs !
Heureux l'homme à qui Dieu donne une sainte mère !
En vain la vie est dure et la mort est amère
    Qui peut douter sur son tombeau !

O ma mère, que votre douceur, votre modestie édifiante, votre chasteté toute d'or, votre piété, votre héroïsme maternel et vos ardeurs toutes divines échappent à la mort, comme l'oiseau qui s'envole de l'arbre qui tombe. Que vos admirables exemples suivis soient le bel honneur couronnant le front de vos enfants et de vos élèves ; et, qu'à chaque instant de notre vie, votre douce image, se penchant invisiblement sur nous, nous excite à la vertu, au courage, au devoir, au dévouement à Dieu et à nos semblables.

FIN

TABLE DES MATIÈRES

CHAPITRE PREMIER. — Naissance de Marie-Anne Isquin. — Elle devient orpheline.................... 7

CHAPITRE II. — Le grand-père Gilbert et la philosophie ancienne 18

CHAPITRE III. — Le grand-père Gilbert et la philosophie moderne................................. 31

CHAPITRE IV. — Entrée de Marie-Anne Isquin aux Orphelines de Montargis....................... 42

CHAPITRE V. — Les Filles de la Sagesse de Montargis...... 51

CHAPITRE VI. — L'éducation des enfants, pour être bonne, doit être religieuse.................. 60

CHAPITRE VII. — Mort de Gilbert............................. 81

CHAPITRE VIII. — Préparation de Marie-Anne Isquin à sa première communion. — Son instruction religieuse..... 91

CHAPITRE IX. — Préparation de Marie-Anne Isquin à sa première communion (suite). — Piété, fuite des petites fautes, examen de conscience................... 104

CHAPITRE X. — Première communion de Marie-Anne Isquin 114

CHAPITRE XI. — Belle simplicité de Marie-Anne Isquin, dans sa foi, dans ses relations avec le prochain. — Soin qu'elle prit d'éviter les vices opposés à cette belle vertu 121

CHAPITRE XII. — Instruction de Marie-Anne Isquin, elle obtient son brevet de capacité.................... 135

CHAPITRE XIII. — Marie-Anne Isquin quitte l'Orphelinat fondé à Montargis par Louis XIV. — Son entrée chez M. Morillot de Lacange à Ouzouer-des-Champs........ 151

Chapitre XIV. — La famille Morillot de Lacange. — Education des demoiselles Eulalie et Caroline par Marie-Anne Isquin.. 164
Chapitre XV. — Mariage de Marie-Anne Isquin........ ... 175
Chapitre XVI. — L'intérieur d'un bon et saint ménage . . 184
Chapitre XVII. — Mme Dautry, institutrice à Ouzouer-des Champs.. 198
Chapitre XVIII. — Le presbytère d'Ouzouer-des-Champs. — Le premier curé............................... 210
Chapitre XIX. — Comment Mme Dautry remplissait ses devoirs de mère de famille.............................. 221
Chapitre XX. — Les épreuves et les tribulations de Mme Dautry... 236
Chapitre XXI. — Mme Dautry devient veuve. — Après avoir fait le bien de son mari, elle fait celui de ses enfants. — Forte éducation qu'elle donne à ses pensionnaires 250
Chapitre XXII. — Pendant toute sa vie, Mme Dautry confirma cette maxime de Fénelon : « Rien n'est si tendre, si aimant qu'un cœur pur que l'amour divin possède et anime... 263
Chapitre XXIII. — Pureté d'intention de Mme Dautry dans ses bonnes œuvres. Son affabilité dans ses relations avec le prochain.................................... 272
Chapitre XXIV. — Grand soin de Mme Dautry à garder une juste mesure dans ses exercices de piété....... 281
Chapitre XXV. — Mme Dautry avait une profonde vénération pour le sacerdoce et un grand respect pour le prêtre... 296
Chapitre XXVI. — Mme Dautry a donné l'exemple de la perfection chrétienne dans le mariage................ 308
Chapitre XXVII. — Mort de Mme Dautry................ 317

ORLÉANS. — IMP. PUGET, GEORGES MICHAU ET Cie, S^ts

www.ingramcontent.com/pod-product-compliance
Lightning Source LLC
Chambersburg PA
CBHW070620160426
43194CB00009B/1322